讓父母不焦慮的 輕鬆育兒法

郭俞杉 著

序言

我喜歡稱呼俞杉的英文名字 Dora，因為她真的很像那部家喻戶曉的卡通片《愛探險的 Dora》（Dora the Explorer）中的 Dora，對甚麼都好奇，甚麼都想嘗試，總想幹點甚麼，為人極幽默，總是語出驚人，但性格又難得的友善。本來可以靠顏值的她，卻多才多藝得讓人驚艷，會 7 國語言，神童級別。我常感歎，她不可限量，她卻總說，我知道自己幾斤幾兩！我說她有上進綜合症，她卻說，我是個樂觀的樂觀主義者！

郭俞杉，1991 年出生的女性，三個孩子的媽媽，有自己的工作室，微博育兒達人，粉絲幾十萬，每天都有高質量的作品誕生，還在各個網絡平台上答疑解惑，幫助眾多媽媽獲得育兒「神器」，此刻她還正在積極備戰博士生考試，事多人卻不亂，情商極高，我見她第一面就喜歡上她了！用她的話說，我們第一次就成功「勾搭」上了。

我們很喜歡在一起聊天，說起五個娃（她三我倆）都會滔滔不絕。我特別贊同 Dora 在育兒上的很多見解，這位年輕媽媽的智慧讓我印象深刻。她說，孩子的成長是毛毛蟲到蝴蝶的變化，而不是小狗長成了大狗，真知灼見。無論從腦科學還是心理學，我們的研究都表明，孩子不是縮小了的成人，他們的一切都與成人不一樣，這讓我確信：第一，我們都需要成長，在成長的道路上，真的不是我們比孩子更強；第二，他們並不需要都按照我們的期望長大，否則他們就長不大。

我做臨床諮詢工作很多年，對象從小孩到老人，問題總是林林總總，但核心卻是驚人的相似。那就是我們生命中重要的前 12 年裏是怎麼長大的？長成了別人期望的樣子，自我就會不停地掙扎，於是自卑、懈怠、懶惰、糾結、抑鬱、焦慮，生活沒了趣味，生命失去了意義；若是長成了自己期望的樣子，自信、快樂、堅強、有愛，生活充滿情趣，生命綻放光華。Dora 會跟我聊起她的成長經歷，聊到她現在每天必須面對龐大之家（9 口人）的各種矛盾，我真的佩服她內在強壯的心理復原力和情緒管理力。確實如此，即使孩子成長的道路上有很多的干擾因

素，絕大多數時候都是我們無意識地帶給孩子的，但我們的孩子始終擁有堅韌的生命動力。如果我們沒有泯滅他們生存的勇氣，他們就會努力活出自己。

Dora 邀請我為這本書寫序，我很榮幸。仔細拜讀，其實書中不僅是講玩耍的學問，更是講教育的智慧。她把這些年來學習到的知識和養育三個孩子的經驗完美地結合起來，有理論的高度，又有接地氣的實踐。專家說人話，這是最難的！不在天上飄着，也不在地上爬着，我覺得這才能真正幫助各位焦慮的父母。書中講到的很多觀點我都非常認同，譬如會玩即會學，要促進孩子的成長，照本宣科是無用的，看書會用才是可貴的。如何用？玩是不二法則，玩遊戲、玩閱讀、玩藝術、玩音樂、玩詩詞、玩運動、玩旅行、玩科技，八種玩法盡顯教育智慧。

我常想，我們的育兒焦慮到底源自哪裏？除了外界帶給我們的壓力，我覺得最重要的原因是我們喪失了玩的本能，太較真，非常較真，甚至極度較真地面對孩子，這些較真來源於我們總是自己跟自己較勁。許多心理學的流派都認同一點，我們的負面情緒絕大多數來自我們對自己的不接納、不認可、不贊同。舉個簡單的例子，陪孩子寫作業，最後導致「家庭暴力」事件。不是因為孩子慢，而是因為我們不允許自己慢下來，不允許自己認真但不較真地對待這件事情。認真是我想解決問題的辦法，較真是我偏不允許你這樣做。結果是兩敗俱傷，元神耗盡。這麼多年的理論與實踐的經驗告訴我，愈跟孩子對着幹事情愈不成，換個語氣，換個說法，換個表情，換種方式，結果就大不一樣，其實這也是為人父母自我成長的方法。

讓我們和孩子一起重新玩着長大一回吧，感謝孩子賜予我們這樣獨一無二的體驗，感謝我們還可以用這樣的方式自我救贖，感謝俞杉帶給我們的啟示和幫助，願我們成為孩子真正的玩伴！

羅靜

中國科學院心理研究所博士後
兩個孩子的媽媽
2018 年 5 月

我生命中最美好的體驗，就是成為三個孩子的媽媽。

看到這裏，你一定會好奇，如今一個孩子就已經讓媽媽們崩潰，三個孩子，還在寫這本書和大家嘮叨，這個人是不是真實存在的啊？生三個孩子究竟是怎樣的體驗？

我並不是天生的「孩子迷」，準確地說，我的人生計劃裏本沒有孩子，因為我覺得自己也是個孩子。天性好「玩」，我的生活曾經都是詩與遠方……然而，英年早孕，我在經過內心驚喜、掙扎、緊張、恐懼以後，決定接受「媽媽」這個新角色。我一開始心裏還在偷着樂，我是情感諮詢師，我的父母都是教育工作者，我肯定是一個超級棒的媽媽！然而這一決定不要緊，三個寶寶接踵而至，每天沒完沒了的屎尿屁，和停不下來的哭鬧爭搶。我何止是崩潰，簡直是一邊哄娃一邊自己在心裏流眼淚：「世界上怎麼會有孩子這種可怕的生物？」

這種一地雞毛的無力感還不是最讓人絕望的，最崩潰的是我發現孩子真的是不帶說明書的小魔王，喜怒無常，軟硬不吃……學了那麼多育兒理論，看了那麼多專業書籍，我還是會被孩子的成長困惑，被情緒問題折騰得精疲力竭。給別人講課頭頭是道，到了自家孩子身上總是毫無辦法。

有一次因為搶一個布偶，大女兒一把就將小弟弟從梳化上推下來，險些磕破腦袋。我一邊衝着女兒大吼，一邊開始哭泣，為自己的糾結、無力、崩潰而痛苦。

職業面前我是無所不能的，但在孩子面前我是無能的。

我開始重新思考親子溝通的方法，也開始重新思考養育的意義。父母究竟期待養育怎樣的孩子？我們究竟期待怎樣的養育方式？是不是我沒有讀懂孩子的成長方式，忘記了孩子學習和認識這個世界，都是從「玩」開始的？

　　我們大人最擅長的就是把事情都變得無趣、無聊、無愛，我們做一切事情都喜歡問「有甚麼用啊？」「可以當錢花嗎？」可是這一切對於孩子而言卻完全不同。玩耍是孩子瞭解世界、探索世界的第一種也是最有效的一種方法。

　　陪孩子玩對我們來說真的很累，疲憊了一天的父母們都希望能夠找個柔軟的梳化把自己窩進去發呆，而不是和孩子一起滿地打滾或是講幼稚的睡前故事。

　　或許就是因為我們已經習慣了用呆板的教條的甚至枯燥的「成人語言」去看世界了。看到下雨天，我們更關心的是出行不方便怎麼辦？而孩子可能更關心「我可不可以去踩水？」「樓下會不會撿得到蝸牛？」「我想出去淋雨！」……我們已經喪失了「玩」的能力，丟掉了生命最初「玩」的方式，與世界與生活與自然遠遠地脫離開來。在成年人編造的信息時代和工業世界裏，我們就像那一顆顆無趣的螺絲釘，沒有閒暇更沒有精力去關注一切好玩的有趣的事情。

　　所以，到處都可以看到父母們抱着手機，孩子在旁邊看着卡通片，貌似「和諧」的沉寂背後，是生硬的情感和疏離的親子關係。如果我們能夠對遊戲上癮，孩子可以對電子產品上癮，那麼也可以用好玩的方式對一切積極美好的事物上癮。在這個有趣的互動過程中，我們重新拾起

和孩子之間的連接，修復我們的親子關係，與孩子一起收穫笑聲和歡樂，並且陪孩子一起快樂成長。

玩法養育，就是父母育兒路上最有用的工具，把一切成長路上的困難、情緒、問題，都變成遊樂場和遊戲機，讓孩子幸福快樂地成為自己喜歡的樣子。

我會在這本書裏面陪伴大家一起成長，還會介紹特別好用的「百寶箱」——通過各種各樣的玩法解鎖孩子核心能力和各種成長秘籍，為孩子的成長助力。通過真實的分享，讓每一位和我一樣曾經焦慮、困惑的父母不僅學到科學有趣的心理學和教育學知識，還可掌握實用有效的親子互動玩法。

父母，是孩子最好的玩具，更是孩子的最佳教練！

「晴天媽媽」郭俞杉

2018 年 5 月

目錄

Part 3 玩出孩子的核心能力

Part 4 玩出和諧家庭關係

Part 5 做孩子的成長教練

致謝

Part 1

玩是孩子
最好的成長禮物

1.1
玩
是孩子最重要的工作

· 教育是扔掉教科書以後
　剩下的東西

這是一個顛覆性的時代。

我們想獲得任何信息、資料、知識都可以用很便捷的方式迅速獲得，而不再依賴於記憶。經常有家長問我，要不要讓孩子上課外班，要不要買或租住學區附近的房屋，要不要辭職陪讀等，我這樣回覆：教育就是扔掉教科書以後剩下的東西。

人工智能洶湧而來，機器愈來愈像人，而人愈來愈像機器。孩子的聰明可以被訓練，智慧卻不能被量化。很多父母讓孩子做任何事情都強調回報，學這個可以考級嗎？可以加分嗎？學到某種程度需要多長時間？我們太關注如 KPI ① 一般的現實回報，希望用這些看得見摸得着的標準，證明自己是一個合格的父母。可是，技能背後的體驗、感悟、知覺，才是讓生命如此生動、鮮活、真實的根本所在。

① KPI，Key Performance Indicator 關鍵績效指標

一個個滿分，一項項技能，一張張證書，
我們要的是一個完美的機器，還是生動的靈魂？
一個撫摸過樹葉、觸碰過泥土、親吻過花蕊的孩子，才懂得甚
麼是美。
一個追逐過蟲子、聞嗅過草香、傾聽過鳥鳴、仰望過星空的孩
子，才知道甚麼是愛。

　　有過真實的歡笑、哭泣、喜悅、悲傷、恐懼，見識過大千世界的不
同，觸碰過世界萬千可能性的孩子，才能擁有豐滿、包容、獨立、幸福
的人生。

教育就是扔掉教科書以後剩下的東西。

・玩是孩子最重要的工作

對於成年人，工作就是工作。對於孩子，玩就是工作。

世界對於孩子來說就是真實的遊樂場。就像我們小時候曾經癡迷過的角色扮演、「煮飯仔」遊戲一樣，重點不是我們玩了甚麼玩具，而是我們喜歡玩。即使沒有具體且豐富的玩具，鵝卵石、樹葉、廢紙、空瓶……也可以讓孩子收穫歡樂。甚至，當一切道具都沒有的時候，孩子也會創造想像的朋友，或者把父母當作他們的玩具。生活對於成年人來說是乾癟的、一成不變的、焦慮的、枯燥的，對於孩子來說只要睜開眼睛，一切都是好玩的。我們不需要刻意地、過早地讓孩子通過技能的馴化成為成年人，而是讓孩子更好地去玩，更真實地擁抱這個對他而言充滿樂趣的世界。

自然界的萬千不同，可以讓孩子學會接納與包容；
生氣後的遊戲時光，可以讓孩子學會平復情緒；
互動時的肢體接觸，可以彌補孩子被拒絕的挫敗感；
追打嬉戲中的運動，能夠刺激孩子的身體和大腦發育；
故事中的情節，可以幫助孩子理解真善美；
藝術中的美好，可以打開孩子情緒的大門；
混亂中的感官體驗，讓孩子進入「心流」專注。
……

13

成長中遇到的問題，只能在成長中找到解決辦法。很多父母期盼着孩子長大後問題就會迎刃而解，認為很多成長的話題可以在孩子到達某個年齡時順利完結。

　　　　　　孩子不聽話，上了幼兒園就懂規則了；
　　　　孩子亂丟東西，讀了小學就應該有好的生活習慣了；
　　　孩子不能和別人愉快相處，上了大學就會與人交往了；
　　孩子不能早戀，走進社會就可以與異性建立婚戀關係了；
　　　　　　　　　　　　……

　　長大了，真的就甚麼都好了嗎？年齡的增長就可以換來問題的迎刃而解嗎？18 歲是法律和社會意義上的成年，但真的是「在 17 歲的最後一個夜晚安然睡着，醒來後迎接成年後的第一縷陽光……」之後，我們就會成為一個完全獨立、成熟、有擔當的成人了嗎？當然不會。

　　孩子的成長沒有坐火箭，飯一口一口吃，路一步一步走。孩子是在每天的發育、玩耍中慢慢成長為一個成年人。而父母如何陪伴他，引導他玩耍，帶領他看世界，幫助他更好地適應社會，理解自己與他人，就是刻在孩子生命樹年輪裏的珍貴禮物。

我們不需要刻意地、過早地讓孩子通過技能的馴化成為成年人，
而是讓孩子更好地去玩，更真實地擁抱這個對他而言充滿樂趣的
世界。

1.2
玩，
可不是瞎玩

　　每個家長最喜歡做的事情是甚麼？我曾在很多場合問過很多父母，沒有一位家長告訴我他最喜歡做的事情是工作，是做家務。大家喜歡做的事情要麼是去旅行，要麼是看電視劇，都是和休閒相關的。**沒人喜歡辛苦和無聊，追求快樂就是我們的本能。**生物都是趨利避害的，我們會根據自己的興趣愛好去選擇最願意投入時間和精力去做的事情。對孩子來講也是一樣，在玩的過程中尋找到樂趣，收穫開心的體驗。

·玩是最好的學習和成長

　　很多人認為兒童的玩耍是無意義的，只是成長過程中對時間的消耗。其實不然，玩就是學，學就是玩。孩子整個成長發育的過程，都是通過玩來探索和瞭解這個世界的。玩耍可以促進孩子的全面發展，主要指以下五個方面：

三個孩子在鹽療館玩礦物鹽

① **身體的發展。**隨着孩子生理上的發育，大動作（大肌肉動作）和精細動作（小肌肉動作），手眼平衡及肢體協調能力也逐漸發展。

② **認知的發展。**隨着孩子大腦的發育和活動空間的擴大，嘗試認識、瞭解這個世界，多方位感受世界。

③ **語言的發展。**孩子通過與撫養人的交流互動，慢慢瞭解用語言來表達自己，學會一些新詞匯，構建句子，逐漸能夠表達自己的想法與需求。並且將語言的表達與非語言形式的表達慢慢聯繫在一起。

④ **社會性的發展。**孩子通過親密社交、外部社交，逐漸體驗社會期望和社會角色，完成自己的性別認同、角色構建。

⑤ **情緒的發展。**我們逐步教會孩子表達自己的情感、表達自己的喜怒哀樂，提升社會情緒智能，瞭解培養社交規則等，也是在幫助孩子更好地認識自己和他人的情緒、表達並處理這些情緒。

17

　　這五個方面是衡量孩子成長過程中健康與否的一個參考值。所以我們在跟孩子互動的過程中，可以更多地去考慮到玩耍本身是否符合孩子現階段身體的發展能力、認知的發展能力、語言的發展能力、社會性的發展能力以及情緒發展的能力，也可以思考在跟孩子的互動中是否在這幾方面對孩子進行了相應的引導。比如期待 6 個月大的小寶寶能參與到大孩子們的踢球遊戲中，顯然有些太強人所難，即使家裏有多個子女，這樣同步的統一和期待都是不恰當的。

　　親子陪伴很重要的一部分，就是尊重並允許孩子用自己的方式玩耍。

·每個孩子都是天生的「大玩家」

　　說到玩，對於孩子來說是天賦能力，是與生俱來的，並不是刻意練習的技巧。我們會發現孩子經常用這四種方式進行玩耍和遊戲。

---

1. **想像遊戲**：就是我們都熟悉的角色扮演過程，包括「煮飯仔」、變魔術、捉迷藏、無中生有等。孩子的空間意識發展以後，這些不停切換距離的遊戲是反復玩都不會膩的。
2. **建構遊戲**：比如說拼圖、搭積木、堆沙盤、做空間上的堆疊，都屬建構方面的遊戲。
3. **創造遊戲**：涉及到孩子的創造力，包括塗鴉、**畫畫**、做手工DIY、玩沙子泥土，隨着音樂自由擺動、哼小曲、舞蹈，甚至表演，這些都是屬孩子創造性發揮的玩耍類型。
4. **體育遊戲**：在孩子整個成長過程中，隨着大動作和精細動作發展而去適應相應階段的遊戲，包括滑滑梯、玩搖鈴、盪鞦韆、跳繩、騎小車、球類運動，還有豐富的戶外活動。

　　這幾種遊戲形式經常相互穿插，一起伴隨着孩子的整個成長發育過程。或許某些遊戲形式或者某種遊戲類型在一定時期內會成為孩子玩耍的主旋律，但是並不代表孩子的玩耍方式是單一的。玩耍的具體內容也會隨着孩子的身體發育、認知、語言、社會性及情緒等多項能力的發展而更加豐富和深刻。

· 玩耍，就像爬樓梯

父母都希望能夠在孩子相應的發展階段給予適當的刺激和積極的引導。就像打遊戲通關一樣，隨着孩子各項能力的發展，適合孩子的玩耍方式也呈縱深向發展，並不是無規律可循的。

第一個台階：練習性階段（0~2歲）。
‒‒‒‒‒‒‒‒‒‒‒‒‒‒‒‒‒‒‒‒‒‒‒‒‒‒‒‒

主要表現為動作的重複再現，推倒重來。很多小寶寶特別喜歡扔玩具、推積木、搞破壞，除了獲得關注、尋求與大人的互動以外，就是在通過一遍遍的扔掉撿起去探索和瞭解：為甚麼球會掉？為甚麼有的玩具可以扔得很遠？為甚麼皮球掉到地上會彈起來，而碗掉到地上就碎了？成年人世界裏的客觀規律和物理常識，對於孩子來講都是要通過玩耍中的重複體驗去瞭解和發現的。牛頓不也是因為被蘋果砸到頭，才發現萬有引力的嗎？所以，成人看起來是孩子停留在無聊的重複遊戲中，很可能真相是孩子的小腦袋正在飛速思考並理解着世界。與其制止和約束孩子的玩耍，不如提供安全的環境和玩具，陪孩子玩個夠。

第二個台階：象徵性階段（3~6歲）。
‒‒‒‒‒‒‒‒‒‒‒‒‒‒‒‒‒‒‒‒‒‒‒‒‒‒‒‒

主要表現為模仿遊戲，角色扮演。進入幼兒期、學前期，孩子的自我意識發展到了新階段，與各項能力飛速發展同步的是有了更多模仿和互動的需求，學習做大人。孩子對於社會規則的理解、對生活常識的學習都來自於模仿，去複製並演繹成人的言語行為和社會表現。這個年齡段的孩子特別適合借助卡通片或者繪本中的情節來引導孩子的行為習慣，用角色扮演、假裝遊戲的方式來給孩子進行二次演繹。比如我女兒很喜歡的一本書叫《爸爸媽媽不在家》，這本書中的小女孩就在爸爸媽媽都不在家的時候接待了家裏的客人。某天放學之後回到家，家裏只有女兒和我，我對她說：「小千，媽媽來當阿姨，你來當小主人，阿姨來你們家做客啦！」話音剛落，女兒就像模像樣地拿出了水果玩具和紙

杯,然後對我說:「阿姨好,阿姨請坐,阿姨請喝茶,阿姨我們來玩玩具吧。」她把我想像成阿姨,把自己想像成書本裏的小女孩。我還會回應她:「謝謝有禮貌的小寶貝,可惜阿姨的水有點燙,方便幫我晾涼嗎?」女兒還像模像樣地說:「阿姨抱歉,我給你換一杯溫水。「就這樣一個遊戲,小朋友就知道了太熱的水不方便招待客人。**比嘮叨更管用的是遊戲,不需要家長再去說教社交禮儀和接人待物之道,玩耍中便引導了孩子的社會行為。**

第三個台階:規則性遊戲(7歲以上)。

主要表現為有邏輯性的複雜遊戲。孩子會對很多複雜的遊戲,包括策略、競技類的玩耍和互動類型更為偏愛。如果跟孩子玩推理、邏輯、懸疑的遊戲,會發現孩子的學習能力、問題解決能力、社會情緒技能發展更加成熟。進入青春期以後,玩耍類型轉向競技和社會交往等能夠提升自我價值感的形式。

1.3
從毛毛蟲到蝴蝶，
破解 0~6 歲孩子的成長密碼

　　小孩子看起來懵懂無知、天真可愛，但是他們似乎具有神奇的力量，學習的速度讓成年人望塵莫及，創造力驚人，不知道他們何時又突然解鎖了新技能。喜怒哀樂、一顰一笑看起來毫無章法，卻似乎暗藏玄機，很多人甚至開玩笑，養孩子不僅要會養育，更要會「算命」，因為不知道孩子下一秒又會上演怎樣的戲碼。

·孩子不是縮小版的大人

　　相較於其他生物，漫長的學習期使人類變成了最高級的學習者。知名心理學家高普尼克就曾驚歎，對於所有人類而言，孩子是真理、愛和人生意義的最大來源。相信每一個父母都經常驚歎生命的奇跡。

剛出生的孩子像一張白紙，卻又不只是一張白紙。愈來愈多的科學研究指出，孩子並不是甚麼都不懂，孩子本來就具有科學的探索世界、自己找到答案的能力。而父母需要做的，只是在他們探索的不同階段，提供適宜他們玩耍和觀察的刺激。把適合的「玩耍」有效地呈現給這些「最佳學習者」。

孩子並不是縮小版的大人，並不是一個純粹由時間積累自然過渡的進化結果，大人和孩子更像是兩種不同形態的人類。看似是醜小鴨變成了白天鵝，其實更像是「毛毛蟲」和「花蝴蝶」的演變關係。他們的思維、大腦和知覺形式雖然都很複雜有力，但卻完全不同，服務於不同的進化機能。孩子的發育過程就像蛹化成蝴蝶一般，並不只是簡單的成長。所以，孩子處在漫長的毛毛蟲階段時，離不開成人的照料，離不開長期的學習和想像，更離不開對成年世界的模仿和思考。

「小人國」vs「大人國」讀懂孩子的，五個成長規律

像物理定律和數學法則一樣，集魔鬼和天使於一體的孩子也有規律可循。很多心理學家、腦科學學者都用各種科學研究證明了孩子的成長規律。

第一條定律：孩子眼裏的「大人國」是非常奇怪的

試想一下，每一個孩子從出生、爬行、站立再到滿地奔跑，開始時的行動無法自理，吃喝需要被照料，甚至視力和行動能力都非常有限，

逐漸過渡到成為一個「小大人」……從一個人的「小人國」踏入了成年人的「大人國」，不停地成長、探索、學習、模仿、馴化，慢慢向「大人國」的規則靠近。就像是一條毛毛蟲踏入了蝴蝶谷，有驚嚇、有好奇、有驚悚，充滿了荒野求生的意味。

有一個故事很貼切，小朋友和媽媽去逛超市，孩子一直在哭泣，媽媽蹲下來試圖用零食哄逗孩子的時候剛好抬頭，驀地發現，從蹲下身的高度看過去，滿眼都是大人密密麻麻的膝蓋、褲腳，根本看不到陳列架裏面五顏六色的商品。對於大人來說很有趣的地方，在孩子的視覺中卻一點兒都不美好。

蹲下來陪孩子看世界，其實就是用「小人國」的視角和思維方式來看「大人國」。

3 年前，第一次帶 10 個月大的女兒去沙灘，我被遠方的燈塔吸引，藍天碧海青塔，伴着海風，是極有詩意的畫面。我一直用手指指着遠處，屢次試圖讓孩子的眼光和我一道欣賞美景。可是孩子不為所動，一直低頭擺弄在岸邊撿到的鵝卵石。我想不明白的是，大老遠跑來看海，為甚麼孩子居然只喜歡這種隨處可見的破石子？但是，看着孩子入迷的樣子，想想她才 10 個月，哪看得到那麼遠的風景，如果一顆石子能給孩子帶來愉悅，我為甚麼不能允許她在「小人國」裏面多停留一會兒，她不是遲早要來到「大人國」嗎？

第二條定律：孩子的大腦是一台超速運轉的複雜機器

有一個比喻很形象，寶寶的大腦就像一個嗡嗡作響的蜂窩，裏面有兩百億個蜂巢，大腦聯結程度是成人的 1.5 倍，比成人有更多的神經通路。感受一下，假如我們成年人看到的電影、聽到的聲音、接觸的世界都是 1.5 倍速的，整個大腦就會像鼓風機一樣轟轟運轉。

人類大腦分為左半腦和右半腦。它們緊密地分工協作，不可分割但是各司其職。在此特別說明，近年來的科學研究證明了「右腦開發」是個偽命題，左右腦無法離開彼此單獨工作，現實中，我們也無法脫離任何一個半腦解決問題。

左半腦是「唐僧」，做事有板有眼。它喜歡抓細節，比如：遣詞造句、運算思考、它能幫助人類集中注意力，進行邏輯推理，保持穩定的情緒。

右半腦是「孫悟空」，能幫助人類迅速做出決策，識別熟悉的面孔，還負責音樂藝術和運動。同時，它很難集中精力，衝動任性，也很情緒化。

父母不必成為腦神經專家，但掌握一定的科學知識有助於理解非常重要的一點：**當孩子煩躁的時候，要想哄他們安靜下來，最關鍵的是要通過語調、手勢和肢體語言，直接和他們的右半腦交流。**就像我們在這本書裏介紹給大家的超多玩法一樣，用有趣、誇張、歡樂的方式，和右半腦的「孫悟空」一起大鬧天宮，能有效地讓孩子的情緒緩和下來。

好消息是孩子大腦的進化成果是非常可喜的。待寶寶即將度過學步期，你會發現，寶寶的左半腦發育日臻完善，逐漸控制整個大腦的活動。他們更加善於言辭，能夠集中注意力，不會一旦遭遇挫折就大發脾氣。4 歲以上的孩子情緒更加穩定、有耐心、好溝通，更像一個懂事的「小大人」。

別害怕孩子衝動、情緒化、注意力不集中，這些其實是再正常不過的表現。孩子不是大人，當然不可能一直穩定和理智。所謂的理智、去情緒化是不人性的，更是不符合孩子發展特點的。

第三條定律：孩子永遠是孩子，天生就是個淘氣鬼

如果世界上真有「不聽話冠軍」，我想每個父母都會投給自己家的孩子。你說東，他往西，調皮起來真是讓人頭疼。很多孩子幹起一件事，就很難停下來。他們似乎很難把注意力從一項活動轉移到另一項活動上來。就像一台沒有「停止」鍵的「淘氣機」。你經常會在孩子玩耍的過程中發現這種現象：我要扔這個球——一萬次！我要推倒這個積木——一萬次！

聽話的孩子都是一樣的聽話，別人家的；

淘氣的孩子是各種各樣的淘氣，時刻在線。

1.孩子永遠三心二意。超級豐富的神經通路決定了他們能夠眼觀六路耳聽八方，時刻準備着分心。就像掰粟米的猴子，目標感非常弱，腦袋裏想的除了玩還是玩。

2.孩子看上去總是注意力不集中。屁股上像長了針，大多數時間都不能老老實實呆一會兒。

3.孩子都很固執。比如孩子說話一定要用固定的搭配和結尾，鞋子必須按照從左到右的順序排列，睡覺前必須先親吻洋娃娃再親吻奶瓶，下樓一定要走某一側的樓梯。有時候明明門已經關上了，因為不是孩子親自關的，他就哭鬧着一定要重新開啟後再親自關閉……有人稱之為秩序敏感期，有人整理出了上百個「關鍵期」來解釋孩子對於某項事務的

偏執。然而我不太傾向於用各種各樣具體的名目來給孩子的「小任性」貼標籤。**其實孩子和成人一樣，愈是情緒化，對穩定和秩序的要求就愈高。**給孩子一個安全穩定的成長環境，讓孩子對自己的生活更有「掌控感」，在這個層面上來講，相對安全的養育環境是意義重大的。

　　4.孩子天生喜歡打破規矩。父母負責定規矩，孩子的天性就是破壞規矩。愈是你不希望孩子做的事情，他愈容易重複做。摸摸這兒、碰碰那兒，即使長大一些了，也依舊對於父母禁止的說髒話、不能亂塗亂畫、不能打人的規定置若罔聞，甚至還有你愈說他愈起勁兒的意味。似乎孩子和父母就像一對冤家，一個前面忙着犯規，一個後面追着懲罰。其實，探索和破壞就是孩子成長的方式，那些最好玩的遊戲情節，多少都有一些離經叛道。比如踩泥坑、枕頭大戰、「煮飯仔」，都包含了一些違反常規的因素。孩子就是在不斷地嘗試、破壞、挑戰邊界、抗拒規則的過程中慢慢探索並瞭解了這個世界。

27

第四條定律：每個孩子都是獨一無二的，學會尊重孩子的特質能讓你節省一半以上的精力

世上沒有兩片完全相同的樹葉，每個寶寶都是獨一無二的。外貌、性格、喜好、特長、脾性，每個孩子都各有不同。即使是同卵雙胞胎，比如我家的小萬小億，還是有不相同的特點。一些針對同卵雙生子的多年追蹤研究也愈來愈認證了這一點——孩子，都是不同的。很多人會把這些讓人覺得撲朔迷離、捉摸不透的「性情」與孩子性別、出生順序、基因特點、撫養環境等聯繫在一起。比如血型說、體型說、星座說等，但是目前較為公認的還是氣質類型說。

氣質類型，關乎父母的教養方式

氣質是人格的先天基礎。早在 2500 多年以前，古希臘「醫學之父」希波克拉底就根據自己的觀察將人劃分為膽汁質、多血質、黏液質和抑鬱質四種氣質類型。

膽汁質：社交家。膽汁質的寶寶特別熱情、直爽、精力旺盛、脾氣急躁、心境變化劇烈、易動感情，具有外傾性。

多血質：夢想家。多血質的寶寶活潑、好動、敏感、反應迅速、喜歡與人交往、注意力容易轉移、興趣和情感易變化等。

黏液質：實幹家。平靜、善於克制忍讓、生活有規律、不為無關事情分心、埋頭苦幹、有耐久力、態度持重、不卑不亢、不愛空談、嚴肅認真，但也有缺乏靈活性的問題。

抑鬱質：思想家。抑鬱質的孩子很容易顯得孤僻、不合群，但是他觀察細緻、非常敏感、表情靦腆、多愁善感、行動遲緩、優柔寡斷，具有明顯的內傾性。

孩子氣質類型不同，會展現出不同的特點，孩子還可能同時具備多種氣質類型。而且，孩子的性格也具有延展性，並不是氣質一說定終身。父母可以將孩子的氣質類型作為參考，並相應調整自己的教養方式。接納孩子的氣質類型，因材施教，盡量尊重孩子的特點和成長節奏。外向或者內向只是特點，而不是缺陷。

在傳統價值觀中，我們都希望孩子活潑開朗親近社會，對一些內向的孩子恨不得逼着他上台表演趕快成為「優秀的孩子」。其實內向孩子的大腦抑制了部分活躍行為的同時，也喚起了更多的觀察力、思考力、專注力、創造力。孩子的氣質並沒有缺點，只是特點。

第五條定律：過度教育，不如放棄「教育」

看完前四條，或許很多人都會同我有一樣的感受，我們以為孩子是我們的孩子，可是我們居然對孩子瞭解得如此之少。我們因為生了孩子成為生理上的父母，因為想給孩子更好的養育而成為真正的父母。

有時我們太迫切想成為一個合格的父母，用權威、道理、懲罰來與孩子溝通……但似乎我們說得愈多，效果往往愈令人擔憂。那些被棍棒和說教堆砌的童年裏，有太多的創傷和壓抑。父母的本心和孩子的個性更需要精妙的平衡。

沒有完美的孩子，沒有完美的性格，但是有適合孩子的教養方式。放棄過度的權威、比較、控制、約束、教條，跟着孩子的特點和節奏，和孩子一起成長。

牽着「毛毛蟲」去散步，允許「小人國」的小人用自己的方式——「玩」，來慢慢學習、探索、長大，父母用「大人國」的愛與陪伴，給孩子相應的支持，靜待破繭成蝶的那天。對孩子而言，刻意教育常常失敗，有笑聲有玩耍才是最美好的童年。

1.4
突破局限：
丟掉育兒書，
跟着孩子玩

我們的教育大多是結果導向的。我花了很長的時間，才真正接納孩子本身就是最會玩的學習者。過多的理論和教條充斥着父母的生活，總有很多人告訴我們應該怎樣和孩子溝通、如何陪伴孩子、怎樣教育孩子，流派本身就難以避免偏見。何況，我們忘了一件事情——科學總要給靈性讓步。給孩子貼標籤往往是高效的，我們可以更輕鬆地將孩子劃入某個隊列，來逃避額外的養育責任。但是也沒有考慮到「生而不同」的個體差異，以及流動着的親子關係帶來的成長效益。

在有限的科學面前，孩子無限的生命力、創造力和好奇心，才是成長的原動力。孩子並不是因為學習了理論才懂得玩耍，而是因為玩耍才得以瞭解這個世界。

當然，為人父母的成長從來不能丟棄，科學系統的認知體系，能幫我們在與孩子打交道的時候更加從容。但是適當的時候，丟掉那些生硬的理論，記得孩子的本性，在陪孩子玩耍的過程中允許他用自己的方式來打開這個奇妙的世界。積木不一定只能搭高，也可以推倒；看繪本不一定要逐頁通讀，也可以一幅插圖看上百次；麵粉不只可以做美食，也可以變成天然的手工材料……除了少數需要介紹規則和安全事項的情況外，大多數時候，我們只需要陪着他們，讓孩子靜靜享受自己的遊戲時光。

·每一次玩耍，都是孩子在「系統升級」

在教育領域，美國著名心理學家、教育家本傑明·布魯姆提出的「思維金字塔」就是對思維的 6 種級別建立的高效體系，用來評估學生的思維複雜程度及認知水平。

思維金字塔：一個倒立的進階思維體系

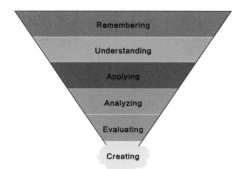

第一層：Creating 創造
第二層：Evaluating 評估
第三層：Analyzing 分析
第四層：Applying 應用
第五層：Understanding 領會
第六層：Remembering 識記

大多數成年人從基礎的識記，逐漸過渡並逐級進階最終達到創造。而孩子不同的是，他們的各個思維層級更像是同步交錯發生的，進而實現螺旋式上升。**因為學習、探索、創造性破壞，本身就貫穿孩子的成長全過程。**

當孩子的思維水平在思維金字塔中不斷提升的時候，他們的思維愈來愈複雜，而隨着經驗的積累，孩子的學習潛能也得到了很好的開發。雖然布魯姆最初並不是針對兒童或者玩耍而提出的這一思維體系，但有趣的是，即使孩子們只是在進行簡單的角色扮演，他們的思維水平也至少已經達到這座金字塔的半山腰了。因為在這個簡單遊戲中，我們需要

31

把對一件事物的理解應用到另一件事物上。比如把空杯子聯想成盛滿了果汁，把玩具理解為電話。有學者認為，在本質上，所有的角色扮演遊戲或者大多數的兒童自發性的玩耍，都直接處於金字塔的最高級別——創造，完成了從無到有、從具體到抽象的飛躍。

・玩耍的意義，首先是玩耍

通過前面的介紹，我們瞭解了玩耍的很多益處，但是父母必須記得的是——**玩耍對於孩子自己而言的意義，只是玩耍。**

孩子並不是因為有價值，或者可以提升自己的智商和情商而開始玩耍，根本上還是因為玩耍足夠有趣，孩子在其中感受到了無窮的歡樂。正因為在感官、情感、社交上獲得了巨大滿足，孩子才熱愛玩耍。**就像吃飯、睡覺一樣，玩耍是孩子的本能。**

・混亂的玩耍，本身充滿價值

孩子天生喜歡混亂。對於父母而言，聽到一片噪聲、看到一地玩具、被弄得到處都是的顏料……簡直是災難。可孩子們非常享受這樣的「破壞時間」，我喜歡稱之為「淘氣時間」。

　　孩子們很喜歡一本有趣的書《我的大喊大叫的一天》，聽名字就知道是怎麼狂躁失控的一天，小主角在度過了這樣大吼大叫的一天之後，接下來的日子都非常積極地與媽媽合作。這個故事，像極了混亂中的小朋友，放完電，一切似乎都回到了正常。

　　孩子紮堆聚集的地方，一定免不了有這樣的尖叫時刻，一個孩子開啟了高分貝，別的孩子立刻積極響應。成年人愈是試圖制止他們，孩子們的喊叫聲愈激烈。與其徒勞地費力抗爭，我們不如給孩子一個可以放縱的「淘氣時間」。只要不破壞財物、不涉及危險、不打擾別人，小混亂和小噪聲都是有益無害的。對於大一些的孩子，別忘了提醒他們——淘氣時間結束的時候，要和爸爸媽媽一起收拾戰場哦！

兒童發展專家喜歡把這類混亂遊戲叫作「感官遊戲」。就像我們之前提到的，孩子的感官體驗本來就比成人豐富敏感，當他們的感官都被調動起來的時候，學習效果自然也就更好。與看卡片上的小貓相比，真的看到並撫摸一隻小貓顯然會讓孩子記憶更加深刻。感官遊戲中，玩麵粉、捏泥巴、踩踏水坑、把瓶子裏的水倒在形狀不同的杯子裏……對「混亂玩具」本身的質地、形狀、材質、體積、空間的感受就是最好的課堂教學。

當然也有不那麼混亂的「淘氣時間」，比如手影遊戲、聲音遊戲，每一種玩具都可以延展為混亂和不混亂的玩法。重點是，在這些看似不可理喻的「淘氣時間」裏，孩子的感官體驗、情緒管理、社會交往都得到了很好的滿足。

· 玩耍和搗蛋是完全不同的

很多父母會擔心，隨着孩子的性子玩，那怎麼判斷哪些屬玩耍，哪些屬搗蛋？孩子玩耍的時候，是高度專注的，是充滿樂趣的。即使遊戲本身充滿了混亂和不可控，但孩子的神情是很容易被識別和捕捉的。正如「積極心理學」著名的「心流」體驗一樣，專注、喜愛、擅長、創造、愉悅，這個過程在孩子的遊戲中隨着年齡的增長會慢慢凸顯，開始「忘我地玩耍」，並為以後的學習和職業體驗提供寶貴的經驗。

需要強調的是，作為父母**需要劃定我們自己認為舒適的原則**。比如我就很介意孩子在牆上和家具上留下塗鴉作品，潔白的牆壁讓我心情愉悅，所以我選擇提供給孩子一面 3 米寬的塗鴉牆和一堆紙張。提出親子之間彼此可以接受的底線，共同商定遊戲規則，在玩耍中再次完善和踐行這些規則，也可以讓玩耍時間質量更高，父母和孩子都能獲得真正的滿足。

　　玩耍更像是孩子的喜好和父母的邊界之間的交集。我們努力拓寬自己的邊界，但是總免不了有一些介意的部分——沒問題，**養孩子不是坐牢，不該綁架，不需要改頭換面，父母要尊重自己**。適當參與孩子的「淘氣時間」，和孩子一起搞搞破壞，像本書之後提到的那些具體的玩耍方法一樣，在笑聲中與孩子獲得連接。

　　也不用擔心孩子會一直沉溺在「淘氣時間」裏，兒童心理學家皮亞傑就發現，隨着孩子步入 4~7 歲，邏輯能力的發展讓孩子更好地理解物質守恆，並且不再以混亂為樂。

　　孩子與大人的差異，決定了生活方式的不同——**我們工作，孩子玩耍**。如果我們可以在工作的時候偶爾開小差，那麼孩子在遊戲中不按規則玩耍，也是非常自然不過的事情。

　　跟着孩子的節奏，必要的時候助推，更多的時候跟隨。父母的本能和孩子的心會告訴你——**這麼玩就對了！**

Part 2

八大「玩法」
助孩子成長

2.1
玩遊戲，
笑聲中隱藏着
治癒的力量

　　某天我和女兒下樓玩耍，在小區門口的小攤位看到這樣一幕：小男孩正趴在小桌子上寫作業，一邊寫一邊哭，而旁邊看起來像媽媽的中年女性氣洶洶地一手叉腰一手舉着掃把，時不時敲打着桌子，怒吼：「你寫啊，快寫啊！不寫我打死你！」……小男孩一邊抽泣一邊握着筆，並沒有辦法安靜下來投入作業，反而停了下來，此時媽媽更加怒吼着打孩子，一時間母子倆你追我逃圍着桌子開始一番追逐，最終媽媽還是追上了孩子，拖着孩子回到了攤位後面的房間裏……女兒看到此景緊緊抱着我的大腿，問我 ：「阿姨為甚麼生氣啊？為甚麼要打小哥哥啊？」我只能說：「阿姨關心小哥哥的學習，希望他完成作業，但是小哥哥沒有配合，所以阿姨生氣了……」然而一邊說，一邊嘆息，親子關係的對立與合作，真是一個讓人憂心的話題。

　　撇開打罵是否構成家庭暴力，或者給孩子留下何種程度的心理陰影，只說這種相互拉鋸戰的溝通方式也是非常低效的。

・哪裏有控制，哪裏就有反抗

很多家長抱怨孩子寫作業、上興趣班、上幼兒園、穿衣服等各種事情都會層層阻抗，孩子總是不願意配合家長完成任務，用頑強的行動來抗拒合作。拖延、磨蹭、裝傻、偷懶、耍賴、發脾氣……如果家長有100件需要孩子與我們合作的事情，那麼孩子也有100種與我們對峙的策略。

女兒小千2歲多的時候因為睡覺問題和我們開啟了拉鋸戰。每次說好幾點睡覺，定好了鬧鐘，玩完了遊戲，講完了故事，依舊有各種各樣的「附加要求」：

媽媽，我想喝水。

媽媽，我要尿尿。

媽媽，我忘記把樂樂（她的洋娃娃）送回家了。

媽媽，我還沒向外婆說晚安呢。

……

千言萬語匯成一句話：「我不睡覺」。 這樣的場境是不是特別熟悉？大多數的問題行為，都是孩子在直接告訴家長：「我不要聽你的！」

·秘籍：不要和孩子好好說話

有一位媽媽曾向我求助：孩子 4 歲，在幼兒園表現很好，但是一說到刷牙，簡直就像上刑場。眼看孩子已經出現蛀牙，嚴重影響美觀和口腔健康，可無論爸爸媽媽如何軟硬兼施，孩子就是不刷牙。父母被逼急了，要「戰鬥」20 分鐘才能完成刷牙的難題，有的時候甚至必須採取武力才能「鎮壓」小朋友的對抗。詳細瞭解後，才知道這位媽媽平時工作繁忙，陪伴孩子的時間有限，溝通方式也是以斥責為主。

我給她的建議是「不要和孩子好好說話」。這位媽媽很費解地問我：「甚麼是不好好說話呀？」其實，媽媽可以嘗試用角色扮演遊戲來吸引孩子合作。「我是一隻大蟲子，不刷牙的小朋友，我要把你牙縫裏的糖果都吃掉……」或者用孩子最喜愛的超人牙刷來假裝「蟲蟲特工隊」消滅蛀牙，這樣的戲碼，孩子一定無法抗拒！媽媽半信半疑地回去和孩子試驗，沒有幾天就收到了媽媽的回應「晴天媽媽，你的方法太好用啦！好好的話不要好好地說，遊戲化育兒解決了孩子的很多問題。」

你看，如果靠傳統的大人式語言和孩子好好說話，估計到最後又免不了一場抗爭，但是「好好的話不要好好地說」直接解決了孩子不愛刷牙的難題。

·遊戲，最好的「嬰語翻譯機」

我們平時都是如何和孩子溝通的呢？

常見的交流方式就是說教、命令、指責，有時候嗓子都喊啞了依舊沒辦法讓孩子積極主動地配合我們，似乎除了打罵再沒有別的選擇。然而打罵更容易把親子關係推向緊張的局面，表面上我們靠武力或者權威強迫孩子「服從」，但孩子的問題並沒有一次性解決，同樣的情境再來一遍還是會故技重演，打了白打，罵了白罵，還很傷感情。所有的育兒

理論都在教我們「愛、接納、尊重、傾聽……」但我們還是會被情緒綁架，變回封建式大家長，靠「獅吼功」、「九陰白骨爪」和「打狗棒」來解決問題。

　　嬰童的語言，就是「嬰語」，孩子就是靠遊戲這種基礎的「嬰語」來探索和認識世界。對於父母來說，我們要把對孩子的愛、讚賞、鼓勵、期望，甚至設定的規則和界限，用玩耍翻譯成孩子能理解、更容易接受的語言——「嬰語」。因為玩耍是孩子的第一「語言」。如果我們想告訴孩子甚麼，最好的方式是「玩給他看」，而不是「說給他聽」。即使是說話，我們也可以「玩着說」或「說着玩」而不是說教和命令。

　　除了刷牙可以變成「蟲蟲特工隊」或「超人大作戰」之外，當孩子拒絕穿衣服的時候，也可以嘗試「小火車鑽山洞」的遊戲。撐好袖子或者褲管，問孩子「哯嗤哯嗤，哪輛小火車要鑽山洞呀？」在我們線上線下的課程和工作坊裏就有很多家長把起床、穿衣服、上幼兒園，甚至孩子很害怕的打針變成了好玩的遊戲。不局限於遊戲的內容、工具和形式。充分調動孩子的「笑點」，找到孩子最喜歡的遊戲，舉一反三。發散性思維和逆向思維，是遊戲的好幫手。

· 無法表達的創傷，遊戲可以治癒

除了遊戲的發展意義、陪伴意義和溝通意義外，遊戲也是很好的「非語言形式的表達和治癒手段」。作為心理治療手段的一個重要部分，遊戲治療尤其是兒童遊戲治療的治癒力量已經被很多科學實驗所證實。

～～～～～～～～～～～～～～～～～～～～～～～～～～～～～

珀迪遊戲是 1989 年 2 月 17 日美國加利福尼亞州斯托克頓‧克利夫蘭小學槍擊慘案的倖存者根據慘案事件改編的，行兇者帕特里克‧珀迪（20 多年前曾在該校就讀）在操場邊上對正在課間遊戲的上百名兒童進行殘酷的大規模掃射，之後開槍自殺。警察趕來時，總共有 5 名兒童死亡，20 名兒童受傷。之後，克利夫蘭小學的孩子們自發創造了珀迪遊戲，與同伴及玩偶模仿甚至重演當時的事件，這是 7 分鐘槍擊慘案及其餘波銘刻在孩子們記憶之中的眾多表現之一。當時很多孩子已經明顯呈現出創傷後遺症（PTSD，Post Traumatic Stress Disorder），甚至聽到警車的警報聲都會認為是突然襲擊。

在這個事件中，遊戲實現治療的一個途徑是自發產生的──至少兒童是如此，比如通過珀迪遊戲。如果反復玩這些遊戲，兒童可以像玩遊戲一樣安然地處理創傷事件。就像電影《美麗人生》中展示的那樣，父子兩人被納粹黨抓進了集中營，但是爸爸告訴孩子「我們在玩一個遊戲，如果贏了可以得到一架真坦克。」最終孩子倖存下來。這樣的體驗，避免了讓孩子 100% 真實面對與年齡和理解能力不匹配的殘酷，也讓孩子能夠活在自己的「假像保護區」裏面，體驗安全。

《情緒智能》這本書裏就談到創傷後的遊戲治療對兒童的治癒有兩種途徑，一方面，記憶在較低焦慮的情景下重複出現，降低了事件的敏感度，並使之與非創傷狀態的回應產生聯繫；另一方面，在兒童的潛意識裏，他們能夠給悲劇改寫一個更好的結局。在珀迪遊戲中，孩子們有

時候會殺死行兇者，這使他們恢復了「掌控力」，不再像創傷時刻那樣陷入「習得性無助」（Learned Helplessness），避免了自暴自棄。經歷過嚴重暴力的孩子玩珀迪遊戲是很自然的事。兒童精神病學家對受創傷的孩子觀察了 5 年之後，發現受害兒童仍然會在遊戲時重現綁架和受傷過程。比如，女孩子會和她們的芭比娃娃玩象徵性的綁架遊戲。有個女孩把她的芭比娃娃洗了又洗，因為被埋的時候孩子們害怕地擁擠在一起，別的孩子尿在了她的身上。另一個女孩扮演「旅行芭比」，即到處遊玩的芭比娃娃，不管它到哪裏，都會安全返回，這是遊戲的重點。第三個女孩最喜歡的遊戲情節是芭比娃娃陷進洞裏，並且出現窒息。這幾種類型的遊戲重現，都讓孩子重新設計、體驗、想像自己該如何處理和面對自己的遭遇，並轉化為成長的經驗。

成年人經歷了創傷事件，很容易變得麻木不仁，抑制對災難的任何記憶或感覺，習慣於把自己封閉起來。但兒童的心理方式是不一樣的，有研究者提出，**兒童很少像成年人那樣對創傷變得麻木，原因在於兒童會通過幻想、遊戲和做白日夢，回憶並重新思考他們所遭受的痛苦。**用遊戲自發性重演創傷事件，似乎能夠防止創傷被壓制在潛在記憶中。

在現實生活中，如果創傷程度較輕，比如孩子痛恨的打針，或者到牙醫那裏補牙，一兩次重演或者角色扮演就足夠了。如果創傷非常嚴重，比如被虐待、被霸凌、被侵害等，孩子就需要不斷反復，一次又一次以殘酷、單調的形式來重演創傷事件。

對比摔跤、受傷等強烈痛感的傷害，成長中的創傷對孩子影響更大，就在於其中包含的無力、挫敗、愧疚、自責、無助等負面情緒製造的心靈黑洞。很少人因為骨折而一蹶不振，但是太多人因為侵害而自暴自棄，也是這個原因。

如果孩子能夠用遊戲的方式去表達、演繹、呈現自己所經歷的負面的事件、情緒或者感受，孩子的創傷就會被很好地治癒。能玩出來的，能笑出來的，便不再是傷痛。

遊戲 Tips

0~2 歲：peekaboo「躲貓貓」

這個經典的遊戲特別適合小寶寶，當他們還沒有空間概念的時候，發現媽媽出現又消失，簡直太有趣了。

用手或者手帕擋住臉，再出現在孩子面前。保證你可以擁有一段停不下來的歡樂時光。

進階版：把小玩具、小手或其他身體部位藏起來。可以幫助孩子認識不同的動物、玩具、身體部位。

0~2 歲：媽媽牌滑梯

媽媽坐在梳化邊上，雙腿筆直前伸，小朋友可以從媽媽大腿根順着雙腿滑到地面上。懶爸懶媽版的居家簡易滑梯，只要孩子想玩耍，滑滑梯一定不會過時。

3~6 歲：騎馬打仗

爸爸媽媽馱着或者背着小朋友，往前衝，假裝和另外的家長或者孩子「打仗」。小朋友對於「快要打到別人」有非常強烈的喜愛，而且這樣的「模擬攻擊遊戲」也會幫助孩子宣洩自己的負面情緒和感受。

3~6 歲：小火車到站了

讓小朋友們坐着玩具車或者趴在媽媽身上，一邊前進一邊說「站名」，比如地點、站台、小朋友家等。「小火車到某某站了，準備下車的小朋友請下車。」

2.2
玩閱讀，
講出真善美

・貴人語遲？很可能是「亞斯伯格症候群」 (Asperger syndrome, AS)

朋友的丈夫工作繁忙，她成為了全職媽媽。有一天去她家做客，剛好2歲的孩子正在看卡通片，她想下樓買菜，我起身正準備陪她一起帶着孩子下樓，她說：「親愛的，不用管他，他自己看電視就可以，如果不叫他，能自己坐2個多小時呢。」朋友眉眼裏分明充滿驕傲。我一身冷汗，想長篇大論告訴她孩子這麼小看2個小時電視多麼不妥當，但還是控制住了。隨後找了個藉口：「今天天氣真好，阿姨帶你去樓下玩一會兒。」這才把孩子從電視機前「請」了下來。

朋友一邊下樓一邊得意地說：「我家孩子可省心了，給他看一個卡通片或者iPad我幹甚麼都可以，知道他爸爸忙就心疼我，天使寶寶啊，哈哈。」說完就把手機放到孩子手裏。我全程沉默，害怕自己忍不住會指指點點，因為媽媽想「省心」，就讓「電子媽媽」長期代班，這麼做真讓人捏把汗。

沒過幾個月，朋友就急匆匆地給我打來了電話：「親愛的，我家孩子都 2 歲半了，只會說爸爸媽媽，別的都不太會說，馬上要上幼兒園了，這可該怎麼辦啊？」我給她幾條建議，無非是多和孩子聊天、看書、戶外活動、社交等等，然而我知道朋友做起來太有難度了。不是「貴人語遲」天生說話晚，而是孩子缺乏有效的互動和語言交流。媽媽已經習慣了「電子媽媽」帶給她的省心和方便，多花一點點時間陪伴孩子，都會覺得太費力氣。

　　很多科學研究已經表明，兒童過早使用電子產品的真正弊端並不只是視力傷害，而是注意力、學習能力、社交能力等多方面的副作用。美國兒科學會強烈建議 2 歲以內的兒童不要接觸電子屏幕。儘管數字媒體發展飛速，2017 年官方把限制年齡降到了 18 個月，但是對孩子使用電子產品確實需要嚴加限制。我們之後的章節裏還會再詳細介紹如何「化敵為友」，把電子產品這頭猛虎變成有趣有用的神助攻。

　　不難發現，真正有效的成長刺激，還是源於父母的陪伴和互動。親子閱讀，已經成為公認的可以幫助父母與孩子高效互動，並且可以促進孩子全面發展的有效媒介。

・親子悅讀，做孩子的「領讀者」

　　從我啟動媽媽群的第一天開始，就有很多家長問：「孩子總喜歡看電視和 iPad 怎麼辦？」我總會笑着說：「我家 3 年沒開過電視了。」你們一定不相信，大把的時間，孩子都幹些甚麼？除了各種豐富的遊戲和活動外，孩子們最喜歡的親子項目就是「閱讀」。

認真讀書
的小千

　　女兒 2 歲半的時候就已經看了 500 多本書，兩個兒子也是每天都
有專屬的閱讀時間。我每天最重要的一項「工作」就是陪着孩子們
一起「玩」書。

我們家到處都是孩子的書,客廳、書房、睡房、車上⋯⋯好多書都被翻得破到不能再破⋯⋯尤其當孩子們 1 歲左右口欲期的時候,愈喜歡的書,愈是被斯咬得不成樣子。

有個媽媽說,那是你的孩子喜歡看書,我家孩子看不了 1 分鐘就坐不住了!

其實,沒有天生愛讀書的孩子。書裏的美好世界,繪本裏的真善美都需要父母作為「領讀者」帶着孩子去發現。

有的父母認為,培養孩子看書的習慣至少要從孩子認字開始。其實不必如此教條——在孩子幼兒時期開始慢慢培養其學習意識和學習習慣,由爸爸媽媽帶着「讀」書——爸爸或媽媽抱着他一起翻看童書,同時講述書中的故事,使孩子在聆聽的同時,領悟讀書的樂趣。

別說孩子看不懂或者讀書無用。其實,胎兒從在母親子宮裏 5 個月開始便有了潛意識,可以通過外界的聲音和刺激慢慢建立自己對世界的感知。由爸爸媽媽溫柔、慈愛的聲音給胎兒閱讀或者唱歌,不僅僅是胎教,更是親子關係建立的最好預習。

· 父母要會講故事,更要會「演故事」

我身邊有一個「超級學霸」家庭,爸爸媽媽就是閱讀狂人,兩個孩子 3 歲的時候就可以認得一些字,別說背唐詩和《三字經》,隨便拿本看過的全英文故事書就能給我們表演一個情景劇。好幾次求教,人家都說沒甚麼秘籍,就是陪孩子一起看書,然後不停地重複,全家人把各種書都當作劇本來演來玩,不知不覺孩子就學會了。看來真的沒有甚麼「天生學霸」,套路不對,努力白費。讓孩子愛看書這件事兒必須得用「宮心計」。

01. 親子閱讀是以書為媒介的親子互動

1.「動起來」是「讀起來」的第一步

閱讀不是孩子自己讀，而是家長為孩子提供閱讀的情境，實現以書為媒介的高質量親子互動。互動可以是多方面的，比如有很多兒歌童謠是可以一邊讀一邊搖頭晃腦拍手玩的。還有很多繪本可以設計成遊戲，比如《好餓的毛毛蟲》，每次我和 3 個孩子就一邊爬一邊演爬爬接龍遊戲，孩子們覺得十分有趣。還有一些書讀完以後可以和寶寶一起表演，比如《猜猜我有多愛你》，可以張開雙手相互擁抱，甚至跳上跳下學小兔子蹦跳。還有一些藝術類繪本，比如《畫畫啦》，是可以讀完用塗鴉的方式再次表現出來的，這需要父母和孩子一起開啟想像力。

親子閱讀，一定不要抱有太多的功利性，要求孩子聽完一本書一定要懂得甚麼大道理。每個孩子理解能力和接受程度是不一樣的，每個孩子在親子閱讀中的表現也是不同的，父母需要做的是觀察、陪伴、引導接納和適時調整，而不是比較和急躁。比如從《大衛不可以》這本經典的繪本中，有的孩子學會的是規則，有的孩子感受到的是主角搞破壞之後媽媽對他的愛，還有的孩子學會了模仿主角的不良習慣和淘氣行為。每個孩子感興趣的點都是有差異的，不能一概而論。無需過多的解釋，圖畫和故事是最能打動孩子的，今天是這個點，明天或許是那個點，孩子會慢慢學習，會慢慢把這些獨立的點連接成生活的面。父母通過和孩子反復進行親子閱讀，觸動孩子內心的部分會愈來愈多，有一點可以確定的是，語言、社交、習慣、科普等知識，都是「輸入 - 輸出」的過程，耐心堅持，孩子總會從量變到質變，實現蛻變。

如果我們把繪本當作玩具，親子閱讀就是可以幫助我們育兒的「神器」，平時很難和孩子闡述的問題或者我們自己無法處理的事件，都可

以在繪本中找到答案。比如親子關係、安睡、飲食、如廁自理、拯救蛀牙、愛眼護眼、安全教育、抗分離焦慮、幼兒園不可怕、最美的友情、我很勇敢、我不生氣、與幼兒談性別和談死亡教育等，總有合適的繪本幫助你處理育兒過程中的棘手問題。當孩子遇到一些階段性的小問題小情緒時，適合的童書就是最好的解答，比父母講大道理更有效。比如女兒在如廁訓練期間，《小快活卡由》系列的繪本就給孩子示範了如何使用小便盆。很多次女兒忘記上廁所的時候，我都會用「卡由哥哥陪你一起上廁所好不好呀？」然後假裝自己是卡由哥哥，這種「玩繪本」的方式，最終吸引女兒與我合作，幫助她養成自主排便的好習慣。

2. 分齡閱讀，興趣和愛好是第一標準

很多父母一直讓我針對不同的年齡階段、不同場合、不同情況，推薦一些相應的故事，例如：我的孩子 2 歲，需要讀甚麼書？我的孩子不愛吃飯，需要讀甚麼書？這讓我感到很為難，因為在我看來，故事是無法分類的，我也從來沒有分門別類地買書和選書。記得女兒 1 歲半的時候從隔壁上初中的小姐姐家門口的廢書堆裏找到了一本小學五年級語文課本，書中有《頤和園》等課文，只有幾張插圖照片，但是外婆發現她總看着十七孔橋的照片，就嘗試給她用照片來講述課文，沒想到女兒居然很快就可以複述課文裏描寫的景點。這件事對我觸動非常大，對於孩子來說只要有圖片、有情節、有興趣，與年齡不匹配也可以產生閱讀欲望。家長只需要看到孩子閱讀興趣的「星星之火」就可以把這個小火種激發成強烈的求知欲和學習能力。

大體上，選書還是有一些可以參考遵循的規律：

0~1 歲：搖籃曲、兒歌、童謠。

1~3 歲：主人翁是小動物之類的故事或繪本。比如小雞、小狗、小猴子等，情節以單情節為主。

3~6 歲：主人翁是「人」或者「擬人化的動物」的故事或繪本。比如，名字叫提姆和莎蘭的雙胞胎小老鼠，再比如名字叫弗洛格的可愛小青蛙。情節逐漸從單情節過渡到多情節，為孩子上學後的閱讀打基礎。

7 歲以上：以孩子興趣為主的科普類、主題性、邏輯類書籍，不局限於圖書類型，根據孩子的喜好和興趣來自主選擇。這個階段的孩子以興趣導向讀書很容易成為「小書迷」。

孩子的認知能力、興趣偏好等差異，會導致孩子有不同的閱讀傾向。我女兒對於各種食物超級感興趣，2 歲就喜歡 7 歲孩子都不一定看得懂的少字版本的《十萬個為甚麼·食物篇》。而兒子們更喜歡車子，1 歲就迷上了定位在 6~10 歲的《DaDa 藝術啟蒙》裏形形色色的動漫汽車和塗鴉火車。所以**年齡只能做個參考，更多的是需要父母觀察孩子的喜好和興趣所在，再輔以好玩的陪讀陪玩方法，相信孩子一定會愛上閱讀。**

02. 親子共讀也需要「儀式感」

生活需要儀式感，親子關係也是。高質量的陪伴也需要給孩子提供儀式化的場景和時間，讓孩子全然地感受到父母的愛與陪伴。可以每天固定一個時間（考慮到孩子的生理特點，時間由短到長來安排），由爸爸或媽媽和孩子一起看書、講書、表演故事情節。還可以在孩子提出問題時，有意識地引導孩子「我們去書裏找答案」、「我們看看書上怎麼說」，讓孩子對書產生濃厚的興趣，使讀書成為孩子生活中不可缺少的一部分。尤其面對 3 歲左右「十萬個為甚麼」一般不停發問的孩子，去書裏找答案不失為很好的方法，可以訓練孩子的解決問題能力。

沒有不經過任何影響就能有「教養」的好孩子。兒童良好的行為習慣是由成人有意識地培養而成的，習慣一旦形成，就不易更改。正因為如此，父母應該充分認識到良好行為習慣是幼兒教養的重要一環，讓孩

子從細節之處閱讀，成長為一個身心健康、內心和諧、社會情緒發展良好的人。

03. 真誠又有趣的「玩法」是最大的奢侈品

單純靠對孩子說教就能養育優秀孩子的時代早就過去了，要用有趣有料、真誠好玩的方法才能讓孩子在快樂的玩耍中成長為更好的人。畢竟對於孩子來說，玩耍就是最好的學習，讀繪本也需要好玩有趣的「玩法」。

1. 逆向思維，用開放式提問讓孩子「教」父母閱讀。

允許孩子跳讀是親子閱讀的必修課。孩子的思維非常發散、活躍，不像我們大人只關注邏輯和情節，孩子很容易被一個小動物、小圖片或者書中主人公的表情所吸引。很多父母覺得孩子怎麼翻來覆去只對某本書裏的某幅圖片感興趣，無法完整看完一個故事，這其實是孩子的發散性思維方式決定的。我們可以一邊看書一邊問一些看似幼稚的問題，最好是能夠用語句來描述而不是用「是」或「不是」就能回答的問題，幫助孩子理解故事，引導孩子的閱讀節奏。

「你看這張圖畫的是甚麼，媽媽不認識啊。」

「你最喜歡哪一頁，為甚麼？」

「你幫媽媽找找 XX，是不是藏在書裏面了？」

「這個故事是在誰家發生的呀？」

「你想當這個 XX 嗎？」

孩子年齡愈小，問題愈要簡單。對於稍微大一點的孩子選好一個場景或者細節，用開放性的描述性的語言展開內容，讓孩子把想法逐漸豐富起來，引導孩子發現有趣的部分。比如我們家的小吃貨們最喜歡的就是書中的各種食物，只要找到了就會反過來問我：「甚麼口味的？」「幼兒園老師做的還是媽媽做的？」之類的問題，這種問答的過程也是孩子自主思考的過程。諸如故事接龍、改編故事等小遊戲，也會幫助孩子想像力大開，親子閱讀也更有質量和趣味。

2. 主角思維，讓孩子自主決定閱讀節奏。

成年人喜歡按照順序閱讀，孩子卻有可能在閱讀初期或者低齡階段非常喜歡翻頁，完全不按照順序閱讀。看看這一頁翻翻那一頁，尋找自己喜歡的內容。父母們很容易崩潰：「我念着故事呢，寶寶先看這裏，寶寶再看這一頁，寶寶你等等媽媽講完⋯⋯」其實不按照順序看書，孩子也可以獲得更愉悅的閱讀體驗，比故事順序更重要的，是呵護孩子的閱讀興趣，慢慢再滲透故事的完整發展，不是更好嗎？小億在 1 歲半的時候就總喜歡一個繪本裏的毛毛蟲叫「扭扭」，每次只要看到那本書就只想翻到有「扭扭」的那一頁，然而年齡再大一些就不會執著在某個情景，而是更喜歡複雜的具有完整邏輯的故事。有時候我跳讀了，偷懶想精簡掉一些細節，孩子們還會提醒我「媽媽，你講錯了⋯⋯」讓我哭笑不得。

3. 把看書變成「玩書」，閱讀才能真正提高孩子的「雙商」。

書，不一定必須靠「念」的。如果孩子不喜歡傳統的閱讀方式，爸爸媽媽可以唱給孩子、演給孩子，把書裏面的小故事都切割成與生活場景貼近的片段，比如要吃飯的時候分享吃飯的故事，要睡覺的時候分享安睡的故事⋯⋯只要有心，總有一款適合你。

　　記得女兒 1 歲時很喜歡的一本書《爺爺一定有辦法》裏就有一段爺爺給小孫子縫衣服的情節:「縫啊縫」。碰巧某天奶奶給家人縫被套,一邊縫一邊給女兒講解。女兒很快就學會了縫東西的動作,還喜歡給我們表演這個場景,一遍一遍,樂此不疲。有一些專門設計的遊戲書裏面,關於撓癢癢、捉迷藏等肢體遊戲的描述,也會讓孩子更容易參與進來,大人孩子都很享受親子互動的過程。當遇到「情緒管理」這一難題的時候,可以在《我的感覺》系列繪本中尋找方法,書中將難過、快樂、思念、自我評價、生氣等感受描繪得細膩入微。有一次奶奶出差,女兒正看到書中講「家人要出遠門了,過幾天才能回來」,她抹着眼淚看着我,擁抱着我尋求安慰。其實,書中的高情商的人物,也就是小孩子想像中的另一個自己。關於社會情緒學習和情緒管理方面的具體「玩法」,我們在稍後的章節裏還會詳細描述,圖書是我們得力的「玩具」之一。

4. 引導孩子編故事,生活是最好的圖書館。

　　閱讀不應該過於教條,生活就是最好的圖書館。逛超市、參觀博物館,甚至去街市和公園都是孩子成長中很好的場景化「移動圖書館」,孩子的吃喝拉撒等一切日常都是滲透親子共讀的好點子。比如我們在本書第一章中介紹的角色扮演、想像遊戲等,都是幫助孩子把書裏的場景演活的絕佳機會。我們可以用孩子的視角去創造屬他的故事,甚至引導孩子自己編故事,幫孩子留住創造力和想像力。孩子在編故事的過程中還可以體現出對於為人處事的態度、人際關係、生活常識等的理解。

　　回憶起女兒第一次給我編故事的場景,當時我蹲在她身邊,她的小眼神若有所思「創作」的樣子仍歷歷在目。一個小故事可以展示出 2 歲半的孩子對生活場景的認知、社會情緒技能的發展等多方面的能力。

附：2 歲 5 個月的小千坐馬桶創作的故事之一

從前，

有一副眼鏡，

它領着叔叔。

然後，

摔了一跤，

生病了。

去眼鏡醫院吧，

醫生把它治好了。

接着，

回家和杯子玩耍，

不小心，

噹——

都摔壞了，

完蛋了，

媽媽生氣啦！

　　黎巴嫩詩人紀伯倫的詩歌《先知》裏有段話非常好，分享給大家。陪孩子「悅讀」之前，父母也可以感受一下文字帶給我們的力量：

你們的孩子並不是你們的孩子。

他們是生命對自身的渴求的兒女。

他們借你們而來，

卻不是因你們而來。

盡管他們在你們身邊，

卻並不屬你們。

你們可以把你們的愛給予他們，

卻不能給予思想，

因為他們有自己的思想。

你們可以建造房舍蔭庇他們的身體，

但不是他們的心靈，

因為他們的心靈棲息於明日之屋，

即使在夢中，你們也無緣造訪。

你們可努力仿效他們，卻不可企圖讓他們像你。

因為生命不會倒行，也不會滯留於往昔。

你們是弓，你們的孩子是被射出的生命的箭矢。

那射者瞄準無限之旅上的目標，

用力將你彎曲，以使他的箭迅捷遠飛。

讓你欣然在射者的手中彎曲吧；

因為他既愛飛馳的箭，也愛穩健的弓。

遊戲 Tips

3~6 歲：龜兔賽跑

和小朋友分別扮演烏龜和兔子、或蝸牛和蛇、或自行車和飛機。最好是小朋友熟悉並且喜愛的兩種速度不同的事物。設置好起點和終點，烏龜慢，兔子快，分別按正常情況、兔子病了、兔子睡了、兔子受傷了、烏龜開車了等情況表演，不僅可以比誰跑得快還可以比誰跑得慢。

3~6 歲：饑餓的毛毛蟲

小朋友一邊爬，一邊收集玩具做的「食物」，找到毛毛蟲可以吃的食物。也可以換成孩子喜歡的其他小動物。

3~6 歲：5 隻小蟲子

「大樹下面有個洞，5 隻可愛的小蟲子」將一隻手握成空拳假裝樹洞，另一隻手的五個手指來表演「大蟲、二蟲、三蟲、四蟲、小蟲」，在「樹洞」中鑽來鑽去。

3~6 歲：故事接龍

爸爸媽媽和小朋友一起「重演故事」，一人一句或者一人一頁，直到故事結束。

3~6 歲：我的故事

讓小朋友們選擇一個主題或者情景，開始講故事，爸爸媽媽可以根據自己的喜好或者對孩子的理解，幫助孩子接一句，再讓孩子繼續接龍。最後講完故事的時候，可以和孩子一起回顧整個故事的開頭、結局、主人公是誰、經歷了甚麼。

2.3
玩藝術，
孩子的畫就是
孩子的「話」

·孩子的畫，會說話

　　對於美術方面的創作體驗活動，我特別鼓勵孩子們盡情嘗試。即使孩子在體驗初期，因為能力有限，無法繪製成完整的形狀和事物，我也毫不在意，鼓勵他們塗鴉玩耍。

我有三大「神器」助攻：

1.畫裏有話，破壞力轉成表達力和創造力。

2.繪本圖畫書，圖畫是孩子美學啟蒙的博物世界。

3.創意美術，生活是最好的美育課堂。

・畫裏有話，破壞力轉成表達力和創造力

　　畫裏有話。**畫畫**與音樂一樣有開發智力、激活大腦的功能，對於孩子來說更是語言的延伸。**很多無法直接用語言形式表達的情感與感受，都可以用繪畫、塗鴉、美術創作的方式使情景重現。畫作是孩子的「言外之意」。可以幫助孩子實現情感宣洩，甚至創傷的修復。**

　　平時女兒很喜歡社交，也極少展現出攻擊性的行為。記得女兒剛上幼兒園不久，某天我突然接到了幼兒園老師的電話：「小千媽媽，小千把小朋友的臉抓破了。」這把我嚇了一跳，趕快向老師詢問情況。原來是幼兒園要開親子運動會，小朋友們排練做操，老師要求手拉手入場，小千和壯壯作為領隊，小千可能不太喜歡壯壯一直拉着自己，生氣之下就動了手，在小朋友臉上留下了「五指山」。我火速給壯壯媽媽打電話核實情況並且道歉，壯壯媽媽確認壯壯並沒有明顯的外傷，還告訴我壯壯平時比較聽話，喜歡服從家長和老師的指令，很可能並不是小千單方面的「罪過」。

　　事情的真相比較清晰，一個不喜歡牽手的小朋友與一個服從指令的小朋友之間的肢體衝突似乎特別直接和簡單。可是，女兒是怎麼想的呢？

　　我當時覺得，此事必須分三步：弄清孩子眼裏的事實，梳理孩子的情緒，幫助孩子面對傷害小朋友以後社交問題的解決。

　　然而，我該怎麼和女兒溝通這件事情呢？女兒還不到 3 歲，雖然伶牙俐齒，但是這件事情明顯她也有情緒捲入，畢竟年幼，不見得可以清楚表達，直接提問的話我自己的警覺和預判很可能會對孩子有消極影響。這真是個難題。

61

我轉頭一看家裏的塗鴉牆，計上心來。放學我把女兒接回家以後，就開始了「情景重現」。

我：寶貝，今天在幼兒園玩甚麼啦？我們來畫畫你的幼兒園吧。（我隨手畫了一個方形，假裝幼兒園。）

小千：幼兒園還不錯，排練做操了。（女兒畫了兩條線，當作隊伍。）

我：排練是幹甚麼呀？你在前面還是後面呀？（繼續假裝不知道實情。）

小千：運動會，我和壯壯在第一排，手拉手。（女兒在隊伍最前面畫了兩個不太成形的圓圈，當作小朋友。）

我：你們是領隊啊，聽起來好有趣。小朋友們走着走着，然後呢？（我假裝很感興趣。）

小千：我打壯壯了。（女兒突然有點緊張地看着我。）

我：發生甚麼事情了呢？可以告訴我嗎？（我摸着女兒的後背輕撫着她。）

小千：壯壯一直拉着我，我有點疼，想甩開，他還拉着我！

我：所以小千覺得很不舒服，有點生氣對嗎？（我幫助孩子命名和識別情緒，分析她的感受。）

小千：我有點不高興，就打他了，他還推我了！（這個時候女兒在塗鴉牆的「小朋友」處畫了幾個小線條，有些凌亂。）

我：媽媽聽明白了，壯壯一直拉着你令你很不舒服，你生氣了就打了他一下。

千千：不是一下，臉上好幾個紅印子。你看──（女兒指着那幾個線條，糾正我的錯誤。）

事情到了這裏，結合老師和壯壯媽媽的解釋，此案大概清晰。我看着女兒畫的亂七八糟的「幼兒園運動會排練圖」，第一步的弄清事實靠着畫面基本達成了。我又繼續詢問，幫她完成下面的部分。

我：寶貝，你打算明天還去幼兒園參加運動會嗎？

小千：去！

我：那你還要和壯壯手拉手嗎？

小千：嗯……（猶豫片刻）拉！要聽老師的話。

我：壯壯如果受傷了就去不了，我覺得他應該很難過！如果你被小朋友打了你希望他做點甚麼呀？

小千：我現在不生氣了，媽媽，我給壯壯發個語音吧？

於是女兒在我的協助下和壯壯發語音溝通，迅速和好了。在這個「案件」裏面，我利用塗鴉牆通過間接演示的方法，重現了孩子經歷的場景，幫助尚未具備成熟語言表達能力的女兒「畫」出了心裏話。

心理學領域有很多著名的投射性繪畫測驗，比如「房樹人」、「雨中人」等，通過來訪者的畫面結構、用色偏好、畫面關係等方面來推測驗證來訪者的人格特點、家庭狀態、情緒感受等。從這個角度來看，畫不僅是話，更是心理畫。很多精神病患者、自閉症患者展現出來的畫作風格與常人有明顯不同，從畫面線條、佈局、比例等都能略窺一二。在網上知名的「原生畫家」中也有相當一部分是因為情緒體驗和精神感受特殊，並用繪畫來展現出自己內心不一樣的真實世界。

·繪本圖畫書，圖畫是孩子美學啟蒙的博物世界

3 個孩子都是閱讀小達人，作為親子閱讀推廣人，我給孩子選擇書籍也是毫不含糊。其中最大比例的是圖片精美的繪本、圖畫書等充滿藝術元素的作品。從嬰兒視覺神經發展的角度來說，長大的過程也是視覺能力愈來愈強的過程。剛出生的小寶貝只能看到被抱在懷裏到媽媽乳房的距離範圍內，1 個月大的嬰兒只能湊合看到距離一尺遠的玩具。從黑白到五顏六色，孩子對顏色的識別過程一般都要 2~3 年，大多數孩子要到 6 歲左右視力才能發育完全。

雖然發展有限，但是視覺語言是非常容易吸引小朋友的一種呈現方式。我們對於顏色的青睞與生俱來，孩子經常會被花花綠綠的圖片、玩具、繪本所吸引，更多時候就是對其中的視覺元素感興趣。每次只要我說：「寶貝，媽媽來給你講一本圖畫書，從前有一個……」孩子們的注意力就會瞬間被吸引。

　　圖畫書不僅僅是用圖來注解文字，圖片本身就是「會說話」的藝術形式，孩子不一定能理解文字或者故事內容，但是一定可以通過一張張圖片解放自己的想像力，就像緩慢甚至靜止的「紙上電影」，讓孩子不斷構想出自己的想像世界。

　　好的圖畫書很多，然而父母或者老師是不是直接拿來「照着念」就可以呢？在我們講到玩閱讀的部分有很多把親子閱讀變得有趣有愛的方法，知名兒童圖畫書專家松居直先生就曾列出父母或者圖書管理人員選擇評估圖畫書的 18 個標準：

1.　這本圖畫書，幾歲的孩子可能會喜歡？

2.　這本圖畫書，是否可以讓孩子從幼兒階段喜歡到小學低年級？

3.　這本圖畫書，孩子會不會反復閱讀？

4.　這本圖畫書，適合 5 歲以上並且聽成人讀過很多書的孩子。

5. 這本圖畫書，更適合男孩子還是女孩子？

6. 這本圖畫書，對哪類孩子有不可抗拒的吸引力？

7. 這本圖畫書，大人不喜歡，但是孩子會喜歡。

8. 這本圖畫書，讀過《XXX》書的孩子一定會喜歡。

9. 這本圖畫書，故事很好，但是插圖差了些。

10. 這本圖畫書，插圖很有趣，但故事不豐富，沒意思。

11. 這本圖畫書，故事不錯，插圖也進行了大膽的嘗試，但有些孩子不能接受。

12. 這本圖畫書，大人覺得很有意思，但是孩子們不喜歡，很難走進故事的世界。

13. 這本圖畫書，選錯了畫家。

14. 這本圖畫書，和已經出版的《XXX》是同一系列，內容也類似。但是那本已經牢牢抓住孩子的心了。

15. 這本圖畫書，講的是一個家喻戶曉的民間傳說，至今已經出版了很多版本。不過這次出版的圖畫書最好，以後會成為經典之作。

16. 這本圖畫書，開本太大，小一些也許會更好。

17. 這本圖畫書，故事和插圖都有明顯錯誤，不適合孩子看。

18. 這本圖畫書，意圖不明，主題散亂。文字和插圖都不好，簡直就是成人自以為是的書。印刷、裝訂也差，版面設計也不行，封面全然沒有吸引力等。

好的圖畫書不論是某個細節、某個動物、某個場景都有可能是打動孩子內心的部分。我們試着用「孩子的眼」來看待圖畫書，會發現每個寶貝喜好點如此不同。有時候我們認為很有教育意義的書，不一定是能讓孩子產生共鳴的部分。比如，我女兒一度很喜歡《別跟陌生人走》裏哥哥嘻哈青年的形象，她總是不厭其煩地讓我演哥哥，她捧着繪本指導我的動作和服裝。而兒子們則對《幼兒園的一天》裏的一隻叫「扭扭」的毛毛蟲非常喜愛，每天都要看好幾遍，看罷還要一起把頭貼在地上開始演毛毛蟲是怎麼爬的，非常有趣。

孩子總是有看圖説話的天賦，在識字之前，圖畫書裏的精美圖片就是孩子們的「劇本」，慢慢建構出自己的世界。現在讓我特別欣慰的是，姐姐特別喜歡抱着弟弟給他們講故事，看着一頁頁圖片，不滿 3 歲的姐姐就可以把一本本圖畫書裏妙趣橫生的情節展示給弟弟們。除了手足情深之外，孩子們在審美能力、想像能力、社交能力等方面齊步發展是最有價值的。

· 創意美術，生活是最好的美育課堂

現在很多人開始質疑單純學習簡筆劃對孩子創造性的副作用，也有愈來愈多的家長知道審美能力和藝術價值不能靠技能練習來簡單粗暴地達到速成。更何況，孩子的美術創作能力是隨着身體運動、認知發展、邏輯思維、審美能力、創造能力、空間思維等多項能力的整體發展而漸進變化的，並非一蹴而就，不能用統一的標準去衡量。相反，要給孩子的創造力和審美力適度「留白」，讓孩子用自己的方式去創作。

比像不像更重要的，是愛不愛。在藝術啟蒙和培養方面，很多家長都會因為「強制訓練」而把孩子的興趣變成了負擔，當孩子開始隨意亂塗的時候，繪畫材料的用途和使用技巧他並不瞭解，敲敲打打戳戳，塗塗抹抹蹭蹭，都是再正常不過的事情。然而家長們一貫愛乾淨，加上大人權威視角下對孩子表現不合理的期待，特別容易轉為約束、批評和懲罰。

有孩子的人最懂的一句話就是「他還只是個孩子」，美術更是如此。科學研究表明大多數孩子都特別喜歡畫畫，但是從 13 歲以後願意畫畫的人明顯減少，難道不是因為家長和老師隨着我們的成長愈來愈要求我們「畫得好」，「畫得準」，「畫得像」嗎？請允許孩子在藝術啟蒙的道路上放飛自己，**愛上美術以後，再愛上美術課**。

羅恩菲爾德（V, Lowenfeld）是美國美術教育家，他認為兒童美術發展經歷以下階段。

1. 塗鴉階段（2~4 歲）。這一階段是孩子基於肌肉運動的最早的圖畫，隨後成為心理活動的表徵。在這個階段，兒童的繪畫要經歷一個從亂線塗鴉、有控制塗鴉到命名塗鴉的過程。亂線塗鴉是一種無控制的塗抹，各種各樣的塗鴉包括無序亂塗、縱向亂塗和畫圈。兒童在塗抹的過程中獲得動覺經驗。有控制的塗鴉表現為重複性畫線或塗抹。命名塗鴉則是將塗鴉所獲的圖形與某個事物聯繫起來，並用該事物的名稱來給自己的塗鴉之作命名。

2. 樣式化前階段（4~7 歲）。在這一階段兒童觀察事物表現出強烈的自我中心傾向，並開始對事物進行象徵性描繪，例如用圓圈代表人的頭，或者「火柴人」。兒童所畫的圖形沒有表現出遠近、立體感，而且將自己看不到卻知道的東西也畫出來。

3. 樣式化階段（7~9歲）。兒童在這一階段的繪畫表現為用幾何線條的圖式來表現視覺對象，圖畫的內容受個人經驗和興趣的影響。兒童所畫圖畫有以下特點：突出自己認為重要的部位；符號和圖式的運用經常發生變動；表現出空間感。

4. 寫實萌芽階段（9~12歲）。這一階段兒童的繪畫開始脫離圖式，轉向對事物進行寫實。圖畫中具有一定的空間感，表現出一定的透視關係，出現重疊形式，開始運用色彩來進行表現。

5. 擬寫實階段（12~14歲）。這一階段兒童的繪畫從自發的活動過渡到理性的活動。兒童在繪畫時，力圖逼真地表現事物，但並不十分逼真和完整。圖畫中出現明暗透視，且能根據遠近和心境來運用色彩。這個階段兒童開始審視成人或者藝術家的美術作品，並且臨摹一些藝術品，對美術作品的評價中，已經包括對藝術風格的感受。

6. 青少年藝術階段（14~17歲）。這一階段兒童對藝術審美的敏感性和批判性都有所增強，多數學生喪失了對美術的興趣，少數人能擺脫這一困境，向藝術性繪畫發展。

根據兒童美術發展的階段及特點，在每個階段的創作中，孩子會自發地表現出感情、智能、身體動作、知覺、社會性、美感、創造性等方面的成長與發展的特徵。美術教育應該相應地為孩子提供自我表現的機會，引起並維持兒童創作的動機，讓他們自由自在地進行自我表現。在兒童美術的評價方面，羅恩菲爾德把兒童的感情、智能、身體動作、知覺、社會性、美感、創造7個方面的發展作為主觀評價標準；把發展階段、技巧和作品的組織3個方面作為客觀評價標準。

羅恩菲爾德兒童繪畫發展階段

階段	表現
塗鴉階段 (2~4 歲)	幼兒剛開始塗鴉是一種無意識的反射動作，也無創作的意圖。僅僅是享受肌肉運動的滿足感，與筆塗在紙上的快感。但漸漸地，幼兒能發現紙上線條與自己動作存在某種關聯，於是繼續塗鴉，便漸漸發展出手眼協調、大小肌肉控制等與身心發展有關的塗鴉過程
樣式化前階段 (4~7 歲)	兒童開始有意識地作具象表現，能發現現實、思想與繪畫之間的關係，因不斷地接受新概念，故常改變其繪畫概念與形象
樣式化階段 (7~9 歲)	此時期會發展出其本身固定的繪畫符號，可稱為圖標。圖標是形態概念的表徵，代表兒童對視覺對象的一種明確概念，也是一種象徵性的圖形。若無特別的經驗或刺激，此圖示將會不斷地出現 2~3 年
寫實萌芽階段 (9~12 歲)	此階段是兒童繪畫發展上具有戲劇化發展的時期，也是夥伴意識萌發的時期。圖畫的形狀內容不再那麼呆板，且描述較多環境的細節部分。由於生理發育情況已漸成熟，這一時期的兒童已能掌握較細膩的繪畫動作，如軟性毛筆的運用或是水分的控制
擬寫實階段 (12~14 歲)	此階段兒童能作抽象思考，對自己的作品產生批評意識。也由於批判性自決能力增強，雖想如實表現，但未能充分作寫實的表現，而漸漸出現「眼高手低」的情形。開始重視製作的結果而非創作的過程
青少年藝術階段 (14~17 歲)	此時期兒童已成長為青少年，需面臨身體、心智與情緒等方面的巨大變化，是青少年創作活動的危機時期。此時期的青少年已能作有意識的表現，對自己的作品持續增加批判意識。創造性表現遇到瓶頸，很多兒童甚至會失去繪畫的興趣

生活，就是最好的美學大百科。孩子喜歡，就讓他盡情創作吧。哪怕他會搞破壞，甚至將原本整潔的牆面弄得亂七八糟，我們也可以儘量給孩子提供豐富的材料，引導孩子在不破壞生活環境的前提下任由想像力飛馳。繪畫、塗鴉、填色、剪紙、粘貼、折紙、雕塑、捏泥、揉麵糰、塗雞蛋殼、紙杯、粘毛線、衛生紙捲筒、塗紙箱、按手印……一切生活中的材料都可以是孩子喜歡的美育課堂。這一點上，我特別佩服女兒以前創意美術課的老師，每週都會用新奇的材料讓孩子們感受不同的美術形式，顏料泡泡、手指畫、吹畫、泥塑、粘貼畫、吸管甚至家裏完全用不到的各種破箱子破瓶子，都可以變廢為寶，在孩子手底下變成藝術作品。

我的一位法國美食家朋友是頂級的大廚，生活中也是一個有 5 歲中法混血萌娃的超級奶爸。他從小就鼓勵孩子陪他進廚房，「玩美食」。孩子小的時候幫他洗菜、捏麵糰，大一些嘗試切菜、打雞蛋、準備焗爐等，廚房裏生動有趣的玩具實在是太多了！別看他家的小萌娃還在上幼兒園，已經可以像模像樣地做幾道簡單的菜品和沙拉，而且看起來都非常賞心悅目。食物本身，就是生動的美育課。

還有很多心靈手巧的媽媽們和孩子一起，春天剪紙、夏天做蝴蝶標本、秋天貼樹葉畫、冬天堆雪花城堡……真實的世界，本身就是最豐富的美育博物館。

事實上，不需要天價才能玩藝術，把生活變得有趣就是最好的美學教育。媽媽們一定別忘了，讓孩子先愛上藝術，再做刻意練習。玩耍起來，只要我們有一雙愛美的眼睛，生活處處皆美育。

2.4
玩音樂，
節奏感是開智神器

　　伴着每天的晨光，在我家會進行有一件特別有儀式感的事情，3個孩子每天起床後的「地板時光」就是隨着音樂一起搖擺。從舒緩的輕音樂到激烈的交響曲，從靜謐的自然音樂到聒噪的跳舞曲，孩子們似乎對音樂有着天生的熱愛。還記得女兒小千剛出生的時候，每天洗澡時都有些躁動不安，一播放鋼琴曲就瞬間伸展着肢體乖乖任我「擺佈」。理論上，剛出生的小寶寶無法真正做到有意識地控制自己的肢體，但是音樂還是像有「魔力」一樣，讓她伴隨着旋律一起舒展。孩子與音樂之間的情感流動，真是讓人驚歎。

・音樂，美感之外的多重意義

　　音樂，具有一定的社交意義。早在遠古時代，人類就已經在日常勞作之外開始了集體舞蹈，並且逐漸通過篝火、舞蹈等音樂和肢體互動來

進行連接，增進彼此的感情。載歌載舞，配合原始粗獷的打擊樂器和彈撥樂器，逐漸形成原始的集體舞蹈形態，甚至宗教和部落儀式。像很多少數民族的「對唱」、「喊歌」、「鬥舞」和「賽琴」等都是在通過歌聲和舞蹈等形式進行社交。在今天，很多社交場合也會通過音樂、唱歌、舞蹈等方式吸引大家參與，實現「破冰」。對於孩子而言，**音樂活動也更容易幫助他們融入社交環境，結識新朋友。**

音樂，還可以提升孩子的語言能力和認知能力。語言學家的研究發現，學樂器可以延長孩子的語言敏感期，幫助孩子豐富詞匯量和表達能力。除了很多樂器演奏需要左右手和左右腦的深度同步工作協調之外，音樂本身就是對空間認知能力和時間認知能力的極好開發。我在和女兒玩夏威夷小結他（Ukulele）的時候，眼睛看着曲譜，耳朵聽着旋律，嘴中哼着節奏，左手按鍵，右手彈撥……身體的多種感覺通道全部被打開，負責這幾個感覺的大腦部分也在高速工作，這種深度的沉浸式體驗只有樂器能夠帶來。所以也有人說音樂是「全腦開發」的秘密武器。在日本特別流行的「左右腦手指操」，其實就是動用兩隻手的不同動作來鍛煉左右腦及聯結他們的胼胝體的發育。

音樂還有助於漸進提高孩子的聽力、模仿能力、想像力、創造能力的全面發展。學習音樂當然不是一蹴而就的，和孩子的語言及動作的發展一樣，需要經歷動作表徵、形象表徵和符號表徵階段，孩子才能逐漸分辨更多形式、頻率、美感的音樂類型。當然在這個過程中，孩子也會通過對旋律、情緒、節奏、歌詞、演奏形式、舞蹈動作等的學習形成對音樂的模仿和理解，甚至孩子們還會通過音樂聯想到一些顏色、場景、情緒、故事等，還可以即興創造音樂，用這種情感豐沛的非語言表達形式「演」出自己的內心世界。有一次女兒因為幫弟弟們找到丟了的小火車被誇獎，特別高興。我們就一起跳了一曲「高興高興」，還拿來了小結他、小木琴、拍手玩具一起即興表演。雖然完全聽不懂小傢伙們在唱

甚麼跳甚麼彈甚麼，但是這種創作本身就很有感染力，歡樂情緒蔓延在空氣中。

　　說到音樂與情緒的關聯，音樂還有幫助孩子表達情緒的重要意義，是孩子情緒與語言的延伸。嬰幼兒的語言表達能力發展尚不成熟，還不能足夠說明自己的感受和想法，詞彙和語言受限。這個階段歌曲、音樂、即興演奏都是孩子的「話」，父母可以通過孩子「玩音樂」的表現來感受孩子的情緒狀態和精神世界。

　　音樂，還有療癒孩子心靈的能力。音樂治療是心理治療領域非常受歡迎的一種療法，對於各種類型的心理疾病和障礙都有很好的療癒效果。科學研究發現，通過音樂的節奏和韻律，可以增強孩子與別人共情、感受情緒的能力，影響孩子的情商和社交表現。孩子在生活中無法直接表達的情緒，通過音樂可以得到充分的抒發和釋放。

·結緣，比技法更可貴的是興趣

　　我是一個「興趣導向」的人，在孩子音樂啟蒙的道路上，我也一直堅持一點：比孩子學好，更重要的是愛好。

　　作為一個資深「老玩童」，我從小就喜歡各種各樣的樂器。自小便於音樂結下不解之緣，因為聽到隔壁鄰居家的姐姐天天練《春江花月夜》而對琵琶癡迷不已，哭着喊着讓爸爸媽媽給我報名學琵琶。面對價格不菲的樂器和高昂的學習費用，一開始大人都覺得我是 3 分鐘熱度很難堅持，然而在我幾經央求之下不得已從了我的意願允許我「玩玩看」，沒想到我居然不管嚴寒酷暑、生病與否，一次課都沒有缺席，堅持學了

9 年琵琶。考級、參加演出、在學校組織民樂隊……直到高考前衝刺的幾個月，還去參加業餘比賽，不僅沒有影響學習成績，還讓自己在大學的時候有很多「炫技」的機會。畢竟一個興趣，可以通過刻意練習變成特長，帶來的成就感和價值感對於孩子一生的發展也是大有裨益的。

在孩子們很小的時候我就選擇很多有聲音的玩具、簡易樂器讓孩子們玩耍。女兒剛滿 3 歲的時候已經可以用夏威夷小結他、小木琴、小鍵盤彈奏《小星星》之類的簡單歌曲。我一直反對過早對孩子進行「音樂訓練」。

強迫訓練不一定能出天才，但很可能把孩子的興趣變成了厭惡。

當然讓孩子早接觸，培養興趣為主還是很鼓勵的。我曾經做過一個小範圍調查，有一些睿智的媽媽從小就在孩子身邊唱歌跳舞玩樂器，孩子耳濡目染，更容易喜愛音樂。

對於 3 歲以上精細動作能力發展較好的孩子可以嘗試簡單的樂器演奏，對於 3 歲以下的孩子，聽音、擬聲、簡單的打擊樂器都是非常有效的音樂啟蒙。

・音樂啟蒙，好玩比好聽更重要

音樂啟蒙必須是好玩的，對於孩子而言，音樂是最有趣的遊戲之一。在接觸音樂的最初階段，家長不要強調準確、標準，或者不要為了音樂訓練而玩音樂。允許孩子用自己的方式隨意和音樂互動，比如第一次彈鋼琴，指法造型都不重要，孩子第一次全然感受手指放在鍵盤上發

出的不同旋律，用耳朵聽到鍵盤發出的不同音符，用眼睛看到黑白琴鍵上的顏色差異，用嘴巴跟着音階哼唱 do re mi，這種多感覺通道與音樂初體驗的「相遇」本身比用學院派的方法更容易激發孩子的興趣。很多低齡孩子的音準、音高、樂感發展和成人很不一樣，即使沒有經歷變聲期，過早的程式化訓練遠不如孩子因為興趣而哼唱更容易讓孩子對藝術「沉迷」。

· 先愛上音樂，再愛上音樂課

很多家長困惑，自己是「音盲」，或者自己五音不全沒有音樂功底，孩子是不是就不能進行音樂啟蒙？其實，父母的音樂基礎並不重要，親子陪伴和互動的過程是孩子音樂啟蒙中最重要的事情。孩子通過父母的語言反饋、情緒、眼神、態度感受到自己的價值，這個過程也是幫助孩子形成積極的自我評價的過程。不論孩子唱得是否完美，父母的肯定和支持，就是孩子自我感覺塑造過程中最重要的參照物。哪怕孩子真的沒甚麼天賦，**父母允許孩子自由地用自己喜歡的方式與音樂發生連接，就是最好的音樂啟蒙。**

生活，皆音樂。一切場景都可以用音樂來玩。音樂素材不一定是課堂裏的，更多的是源於生活，比如敲擊杯子，聽不同玩具掉落在地上的聲音，用《兩隻老虎》的音樂旋律編所有的習慣歌謠或者故事……都是極好的生活化音樂學習。我為孩子們創作了《千萬億之歌》（背景音樂參考《兩隻老虎》），每次都會逗得他們哈哈大笑。

三個小孩兒

三個小孩兒

跑得快　跑得快

一個叫做小千

一個叫做小萬

還有小億　還有小億

　　還有《哈巴狗》和《小兔子乖乖》，從孩子們剛剛可以發出「汪汪」的單字聲音的時候，每次唱歌斷句小朋友們都會學小狗和小兔子的樣子蹦蹦跳跳地配合我表演。等到姐姐長大一點了，她還可以自己帶着兩個弟弟完成一些曲目，自發的相互配合，搖頭晃腦非常有趣。

　　音樂啟蒙，給孩子提供豐富的刺激。音樂多樣化是早期音樂啟蒙需要注意的，讓孩子充分體驗多種音樂形式和樂器種類，尤其是低齡孩子培養興趣多過於強制練習，找到孩子的興趣點比揠苗助長更有意義。比如我嘗試過自己擅長的琵琶、塤、鍵盤、木琴……最後發現姐姐對於夏威夷小結他和口琴的喜愛超過了我推薦給她的幾種樂器，弟弟們則對聽着快節奏音樂跳舞、打擊架子鼓更感興趣。有時候「走馬觀花」孩子才能有機會在眾多的選擇中找到自己喜歡的，再通過練習把喜歡的變成擅長的，獲得更多的成就感和價值感。

鼓勵孩子打節拍，節奏感是開智神器。音樂節奏化是幫助孩子智力發育非常重要的方式。很多人推崇右腦音樂、莫札特鋼琴曲等「開發智力的神話」並沒有甚麼玄機，關鍵在於韻律節奏感，方便大腦的記憶，而不是因為音樂本身。大腦的記憶也是有規律和套路可循的，就像很多歌曲雖然並不那麼優美，但是節奏感太強，有「洗腦」一般的神效，就是因為利用了大腦的bug（漏洞），一遍又一遍高頻的節奏輸入，總有一句被你記住。所以鼓勵孩子多聽律動感強的音樂，打節拍、拍手踩腳、蹦蹦跳跳，是很有助於智力開發的。比如大家熟悉的《幸福拍手歌》一邊唱一邊拍一邊跳，這種互動感和律動感十足的歌曲非常推薦。現在我們是不是能理解，為甚麼小孩子不喜歡鋼琴曲、輕音樂卻迷上了跳舞曲了吧。

　　作為音樂啟蒙，創意音樂講究的是「不拘一格玩音樂」，音樂種類、形式、來源、選材都可以多樣化。比如敲打杯子、撕報紙、口技、敲擊樂、管弦樂、民樂等都可以作為體驗。我曾經帶女兒去劇場觀看了久負盛名的聲音兒童劇《回聲超人》，幾位藝術家只憑藉十幾種打擊樂器和手腳、嘴巴，就完成了一場聲音秀，可謂震撼。女兒回到家就帶着弟弟們開始玩 B-box（beatbox），敲地板、跳踢踏舞、咕嚕嚕噗水。聽着孩子們笑成一團，我覺得音樂的力量真是很強大，把大人和孩子用最快樂的方式連接在一起。

2.5
玩詩詞，
打開孩子的記憶宮殿

看過電視劇《神探夏洛克》的人都會對福爾摩斯的記憶宮殿印象深刻，主人公過目不忘，隨時可以把記憶中的知識和細節重新調出來，就像開啟了大腦百寶箱。這樣的超能力，誰不想擁有？

・詩詞，打開最強大腦

記憶宮殿是指要創建自己的記憶建築，裏面的路線、物體、格局都要非常清晰，這需要用強大的想像能力去構造，並且要不斷強化自己的宮殿，不斷加深熟悉。再把要記住的東西用想像、連接的方式放在對應的宮殿位置，隨時調用備查。

「超記憶力」的核心方法有聲音記憶、圖像記憶、文字記憶和數字記憶。小孩子都依賴於聲音記憶，而聲音記憶是孩童時期比較有效的一種學習方法，等到了一定時期，聲音記憶效果就大大減弱了。

除了提高記憶力、開發右腦之外，培養專注力與想像力是記憶訓練最強的功能。其實在記憶學領域，除了記憶宮殿外還有很多方法，比如快速閱讀、思維導圖、潛能開發等。

對於孩子最擅長的聲音記憶來講，誦讀詩詞這種兼具韻律和節奏感的「記憶友好型」學習非常符合大腦的機制。很多不識字的兒童，讀幾遍就可以背誦《三字經》、唐詩等，即使根本不理解詩詞本身的意義，孩子還是可以順暢地背誦，搖頭晃腦，很有詩人風範。之前在新聞中看到小女孩不到 3 歲會背誦幾百首古詩，看似像「忽悠」，其實孩子的記憶有時候就是這麼「開掛」。對於孩子的「記憶宮殿」來講，詩詞真的是一把神奇的萬能鑰匙。

・詩詞，是最美的語言

詩詞之美，是跨越年齡的。不僅在或曲徑通幽或柳暗花明的意境、或豪放或婉約的風格、或真切或虛幻的奇觀、或幽怨或軒昂的氣質，單單是平仄的韻律和朗朗上口的節奏感，就讓老少讀者神往不已。

詩詞和歌舞本來就自成一體。詩詞起源於上古的社會生活，是因勞動生產、兩性相戀、原始宗教等而產生的一種有韻律、富有感情色彩的語言形式。《尚書・虞書》：「詩言志，歌詠言，聲依詠，律和聲。」；

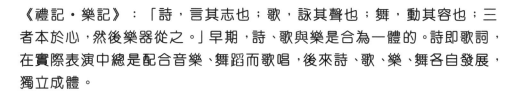

《禮記‧樂記》：「詩，言其志也；歌，詠其聲也；舞，動其容也；三者本於心，然後樂器從之。」早期，詩、歌與樂是合為一體的。詩即歌詞，在實際表演中總是配合音樂、舞蹈而歌唱，後來詩、歌、樂、舞各自發展，獨立成體。

大腦對於詩，可以天然識別。孩子讀詩的時候不一定能理解在讀甚麼，但是科學家的研究發現，不管是否知道在讀詩，大腦都會做出相應的反應。比如「床前明月光，疑是地上霜，舉頭望明月，低頭思故鄉。」這樣的「XX/XX/X」節奏非常鮮明，就像音樂節奏一樣，句式齊整，平仄交替，對仗押韻。節奏和韻律的美感對孩子的語言認知能力、社交能力、聽力、想像力、創造力、模仿力、情緒表達能力等方面的發展都很有幫助。

很多孩子在識字和懂道理之前，就會背誦詩詞，依靠的就是朗朗上口的詞句帶來的高效記憶策略。

‧ 詩詞接龍，助力記憶

我很愛讀詩，孩子們很小的時候偶爾會誦讀幾句《詩經》或者唐詩宋詞，倒不是想教孩子出口成詩，只是覺得他們很喜歡我一邊拍手一邊誦讀一邊搖頭晃腦。女兒1歲半的時候，有一次我對着飯桌上的飯說「粒粒」，女兒立馬補了一句「皆辛苦」。我突然意識到，可能孩子學會了「自動接詩」。

很多人對於「遺忘曲線」──「艾賓浩斯遺忘曲線」非常熟悉。我們都非常容易記住離此刻更近的事件或者信息，對於久遠而且未經重複的信息大腦會自動認為是無關記憶而自動「清理內存」。好多人在考前突擊背誦詞彙特別高效，然而沒過多久就會遺忘，「把當年老師教的都還給老師了」就是因為瞬時記憶不加以關聯和重複，信息很容易被大腦

遺忘。而只有與自己經歷關聯度高、多次重複的瞬時記憶才會逐步變成大腦容易深刻留存的長期記憶。詩詞這種短小、韻律感強、節奏感強的內容是特別有助於大腦形成瞬時記憶的。

一開始就讓孩子大段背誦詩詞是不現實的，可以嘗試多次誦讀熟悉以後適度停頓，媽媽講前半句，孩子接下半句。比如媽媽說「鵝鵝鵝，曲項⋯⋯」孩子自動就會補上下半句。慢慢地從半句到整句，整句到整段。如果能一邊表演一邊搖頭晃腦誦讀，這樣的接龍遊戲會更容易幫助孩子的瞬間記憶變成長時間記憶。

✎ 多感覺通道玩詩詞，打開記憶宮殿

我們一直鼓勵父母不要拘泥於形式和內容，多用孩子喜歡的方式來給孩子「加戲」。記得盛夏和孩子們去頤和園遊玩，整個湖面都鋪滿了綻放的荷花，空氣中都是夏日的清香，昆明湖邊散步恰逢微風拂面，突然興致來了給孩子們念《採蓮》：「江南可採蓮，蓮葉何田田，魚戲蓮葉間。魚戲蓮葉東，魚戲蓮葉西，魚戲蓮葉南，魚戲蓮葉北。」念起來涉及到好幾個方位詞，特別容易弄混亂，正發愁的時候，我突然想起來我可以自己來當江南的魚兒。於是鼓着腮幫子開始按照「左右下上」的順序開始扭來扭去游啊游，幾次下來1歲多的雙胞胎弟弟瞭解了魚的形態，姐姐知道了魚戲蓮葉「間、東、西、南、北」都是甚麼概念。而且還可以和我一邊誦讀一邊表演，這種視覺、聽覺、觸覺、味覺、嗅覺多管齊下，打開多感覺通道記憶，相信孩子更加有沉浸式體驗的浸潤之感。

✎ 能演出來的詩詞，更好玩

詩詞本身就具有音樂美，在前面的篇幅裏我們也描述了音樂的神力，二者結合起來不僅有趣，更能開智。很多古詩詞都特別適合唱出來，有一些本身就是歌舞曲。比如《聲律啟蒙》、《蒹葭》、《水調歌頭》等，都是耳熟能詳且方便記憶和互動的詩詞。

不光是載歌載舞，詩詞本身，就是表演。能演出來的，一定不要只停留在背誦。除了文字遊戲，這種生動且充滿韻律的文學藝術形式更包羅萬象。

其實傳統文化的美，不只是死記硬背，結合生活中的場景、節日、節氣甚至日常事物都可以是真實的「詩詞大會」。春天到了可以演一段《春曉》，清明時節可以來一段《清明》，七夕念一曲《鵲橋仙》，中秋唱一句《明月幾時有》……詩詞不是炫技，詩詞本身就是生活。

遊戲 Tips

3~6 歲：詩詞接龍

爸爸媽媽起頭，孩子接龍背詩詞，可以一人半句，也可以一人一句，還可以一人一首。對於大一點的孩子，可以設定「節日、季節、風景、動物」等主題來進行詩詞接龍。

2.6
玩運動，
四肢發達，
頭腦更不簡單

　　近些年，城市中的肥胖兒童愈來愈多了。不僅是中國，西方國家也意識到了兒童肥胖的危害。居高不下的身體健康風險，對智力發展、心理發展、社會交往都有直接的危害。各國紛紛通過設計有趣的運動遊戲課程和活動，吸引孩子們動起來。在 1989 年，美國就發起了 SPARK 體育（Sports, Play and Active Reacreation for Kids Programs），在美國的 22 個州 3500 所學校廣泛開展了這個項目。將遊戲和體育活動、休閒娛樂有機結合起來，而不是單純的競技體育。運動遊戲又好玩兒又開發智力，特別適合孩子。

　　人類的運動史和人類歷史同樣漫長。從原始的爬行狀態到直立行走，最初的運動是為了生存，如獵取食物、躲避猛獸襲擊等。而現在的運動和體育形式，更加休閒和靈活，幾乎涵蓋了當今每個人所喜愛的活動，如高爾夫球、保齡球、網球、桌球、游泳、攀岩、「笨豬跳」、滑板、滾軸溜冰、摩托車、遊艇、射箭、賽車、帆船、飛鏢、衝浪、越野、

滑翔、漂流、野外生存、探險、登山等。不僅俘獲了很多成年人，而且吸引了很多孩子早早加入「運動啟蒙」、「時尚運動」、「極限運動」中來。很多早教課程的設計，也離不開「律動」、「體適能」等相應的運動關鍵詞。

我以前一直認為「四肢發達頭腦簡單」是個真理。好像所有的體育老師或者健身達人都應該是「傻大個兒」或者「大老粗」。後來隨着認知能力的發展，自己學習了很多腦科學和心理學的知識，徹底顛覆了我對於運動的誤解。

· 運動不僅能改造身體，還能重塑大腦

毋庸置疑，運動讓我們更健康。但是，大多數人不知道原委。我們僅僅認為運動幫助我們釋放了壓力、減輕了肌肉張力、增加了內啡肽，其實血脈賁張時讓我們愉快的根本原因在於，**運動使我們的大腦處於最佳狀態**。更別說運動本身就是行走的荷爾蒙，具有美感和吸引力。

運動可以幫助我們提高心智和智商，讓我們更健康、更聰明、更幸福、更快樂。美國哈佛大學副教授約翰·瑞迪通過研究發現，長跑 1600 公里與服用極小劑量的百憂解或利他林一樣，可以提高神經遞質水平。更深層的解釋是，運動使大腦中的神經遞質和其他物質之間達到了平衡，這種平衡能幫你改善生活。「活潑好動」，這麼說來好動的孩子真的更活潑，因為運動使人快樂。

· 運動能力，孩子學習成績的預言家

孩子表現出的運動能力還能幫助家長預測孩子的認知發展能力，因為腦科學的研究也證實了人在運動的時候所需要激活的腦區，在很大程度上，和進行認知活動的腦區是重合的。所以無論是鍛煉心肺功能的粗大運動，還是幫助培養專注力的精細運動，都能讓孩子們「四肢發達，頭腦更不簡單」。也有研究證實，**很多運動能力低下的學生，在數學和閱讀測驗中更不容易獲得好成績。**

德國經濟學家席勒曾說：「遊戲是剩餘精力的無目的使用，這種剩餘精力的發洩活動，給人帶來鬆弛和愉快感。」遊戲和玩耍，本身是一種內部動機引發的，融娛樂、情感、超越、規則、自律、公平、模仿、虛擬生活體驗為一體的自主性活動。**動起來，其樂無窮。**

根據孩子的不同年齡段，我們可以有針對性地給孩子制定鍛煉方案，幫助孩子在各自舒適區和就近發展區獲得愉快的運動體驗。比如小寶寶從抓握、俯臥抬頭、翻身、坐立、爬行、站立、行走到跑跳，遵循從頭到腳，從上到下的規律慢慢實現大範圍的自主活動。比如拿一個皮球遊戲來講，孩子從躺着就可以啃咬撫摸，會翻身以後還會追着球練習爬行，再到踢球拍球，甚至多人傳球，每個階段都有很多樂趣。

· 運動能力開發，萬能遊戲玩起來

球類運動遊戲非常經典，一顆球能陪孩子從小玩到大，單個孩子到一群孩子都可以互動。運動的玩法可謂千變萬化，很多家長還研究出來通過改裝地墊做隧道、堆疊紙尿褲當跨欄、拿紙箱子做小汽車等方式讓孩子打開運動的「暗能量」，把生活中的物品化為運動道具。我也推薦幾個私藏的運動秘籍。

遊戲 Tips

1. **撕紙，最執著的運動。**不管多大年齡的孩子，撕紙都是他們精細動作發展過程中最執著的體驗。記得孩子們很小的時候，漂亮的繪本經常被突如其來的「摧花妙手」撕得支離破碎，外婆天天跟在孩子們身後粘書修補，非常讓人頭疼。後來我找到了很多閒置的雜誌和報紙，和孩子們玩「下雪」和「天女散花」的遊戲，一邊撕一邊撒，笑聲中自己和孩子們都玩得非常開心，玩完一起再「送雪花回家」。有時候還會玩「進階版」，比賽看誰撕得最小，或者看誰可以撕出小狗、桃心、棒棒糖或者一切想到的事物。再難一些，還鼓勵他們把撕出來的紙揉成小雪球，或者粘貼在紙上做手工。這樣孩子們既不用破壞書籍，又在精細動作方面得到了發展，一舉兩得。

2. **氣球，最多變的道具。**每次出門玩耍，我都會隨手帶一些小氣球，不吹的時候當皮筋和小彈弓，吹起氣來可以捏、可以踩，可以當作排球、籃球、乒乓球，適合追打跑鬧跳各種大動作運動。氣球裝滿水還可以當作「水彈」砸在地上當地雷，氣球裝滿顏料混合水還可以在空白大畫布上作畫，甚至在頭髮和毛衣上蹭幾遍氣球，產生的靜電還可以使它吸在物體表面「大變魔術」。每到風和日麗的週末，社區的孩子們都會圍在一起和我玩氣球，氣球這個道具可以說集合了各種物理學和運動學原理，特別適合親子互動和科普學習。

3. 堆積木，最進階的運動。孩子從學會扔東西開始，就會對積木感興趣。積木是全世界孩子的最愛。推倒重來或者一顆兩顆積木慢慢搭建，再到搭出一個城堡王國，整個過程都伴隨着手眼協調能力、精細動作發展和認知能力的飛躍。再好玩一點，積木可以堆成格子、城堡、障礙物，姐弟們就經常堆成蜿蜒的山路或者路障，蹦蹦跳跳地玩「越野」的遊戲。

4. 開車，最萬人迷的運動。沒有不喜歡車的孩子，尤其是小男孩。除了我們認為會影響孩子發育的學步車以外，自行車、滑板車、平衡車、小推車等各種車類遊戲都特別適合孩子玩耍和運動。

5. 做家務，最全面的運動。除了幫助孩子培養責任心和問題解決能力等軟實力以外，做家務堪稱最容易開腦洞、最多新鮮感、最讓父母糾結的一種居家運動了。大動作訓練比如掃地、拖地、擦玻璃，精細動作訓練比如洗菜、擇菜、捏麵糰、包餃子，每一種家務都有很多的運動關鍵點可以挖掘。一邊玩、一邊訓練，還能減輕家長的家務壓力，聽起來就很不錯。別總覺得孩子做得不夠好，這裏面的學問很大，小家務帶動大能力。

6. 健身，最溫馨的親子運動。運動，離不開健身這個話題。女人這種「不是在減肥就是在準備減肥」的「微胖界泰斗」，總是不放棄追求更美好的姿態和形象。最近大熱的親子瑜伽、親子運動項目為「左手帶娃，右手健身」提供了更多可能性。很多明星父母也是親子運動的絕佳代言人，孩子是非常好的「杠鈴」、「瑜伽磚」或「沙袋」，這種「人肉道具」又萌又方便。何況一邊健身一邊哄娃，兩不耽誤，大人小孩都會特別享受這樣的溫馨時刻。我女兒不到 1 歲的時候就知道坐在我和奶奶身邊練習瑜伽，還會好幾個姿勢，甚至經常自己學着「吸氣」和「呼氣」，好玩極了。

7. 打鬧遊戲，最有力量感的運動。追打跑鬧跳，不僅是孩子的最愛，更是爸爸發揮自身優勢的最佳選擇。這種高強度「放電遊戲」，不僅讓孩子迅速消耗體力、釋放壓力、消除負面情緒、增強運動能力，幫助孩子獲得力量感和控制感，而且是非常高濃度的親子陪伴時間。在這種高強度互動中，身體的直接對抗還能幫助孩子和大人重新一對一緊密連接起來。

運動不一定都是競技運動，我們也不是真的要讓孩子都去拿金牌，可是運動帶給孩子的好處是顯而易見的。千萬不要讓孩子「快別運動了，趕快做作業吧。」要知道，運動能力強的孩子，更聰明！

2.7
玩旅行，
大自然是最好的老師

　　小時候，我的父母經常帶着我到處去旅行。自駕走過全國 10 萬多公里，最東到達威海，最西到達嘉峪關，最南到達三亞，甚至在高考前幾個月還休假一個月去環東南亞旅行減壓。等到我上大學的時候，跑到遙遠的珠江三角洲求學，還經常一個人飛到異國他鄉實習、旅行。我對旅行的偏愛是始終如一的。有孩子以後更是抓住一切帶孩子出行的機會，不分遠近，只要出門就是愉悅和欣喜的。

　　很多人會質疑，孩子 3 歲前不記事，沒有「記憶」，帶出門很辛苦，不應該費錢費力帶孩子「折騰」。其實孩子不是真的沒有記憶，而是沒有「自傳式記憶」，不能像成人一樣清晰地闡述出自己的經歷，並不是感受和體驗的自動清除。孩子更不是突然一下，從 3 歲起才真正成為有記憶有知覺的人，而是從一出生就開始接受豐富的刺激和多感官的體驗塑造而成的。除了日常的居家養育所提供的刺激，旅行是最立體、最深度、最直接的沉浸式成長體驗。

‧ 親子旅行，不僅僅是看風景

　　新東方創始人俞敏洪曾經分享過自己的一次海外旅行見聞。他去的地方是世界上最寬的瀑布伊瓜蘇瀑布，位於阿根廷和巴西邊界的伊瓜蘇河上。他決定坐船去河上看瀑布。有兩種選擇：一種是在河上坐船，離遠一點看；另一種是直接開到瀑布下面去，船也變成了結實的大橡皮艇。他選擇了第二種。和他同在一條船上的有一對外國夫婦帶着2個小孩，小女孩3歲左右，小男孩1歲多。橡皮艇開到瀑布下面時，外國夫婦一人抱一個小孩，渾身濕透，承受着水的衝擊。回程中，船遇到大浪，水一度淹沒整個橡皮艇，俞敏洪也被嗆了一口水。上岸之後，俞敏洪看到外國父母把兩個孩子放下，幫助他們脫下救生衣，孩子也露出了笑容。此景讓他感慨：「這樣的孩子成長起來，抗打擊能力和冒險能力也會水到渠成。外國人這樣培養訓練孩子，其實是讓孩子養成獨立、自由、勇敢的習慣，不僅是身體的健康，更是精神的強大。」

　　旅行對於孩子來說，就是一個完全不可預測的真人版「逆境求存」挑戰。家庭提供的是安全與熟悉，而旅途則是未知與差異。不管是環境、規律、作息、食物、氣溫，甚至語言等文化習俗都可能與日常生活中受到的刺激完全不同。旅行中的多元刺激，對於孩子的認知靈活性的發展有非常大的促進作用。

　　很多家長好奇為甚麼有的孩子腦筋靈活，特別八面玲瓏，遇到問題總能找到多種解決方案，其實這樣的孩子就是具備了較高的認知靈活性。旅行中各種行程變化、衣食住行的不同、父母情緒狀態與平時工作日的焦慮相比更加平靜和愉悅，這一切對於孩子來說都是反常態、非常規、不確定、輕鬆愉快的，這種差異對於孩子包容事物差異和未來隨機

應變解決問題的能力都非常有幫助。愛旅行的孩子，智商和情商也更高。因為看到世界各地不同人生活的不同狀態，孩子更不容易盲目比較，強求「別的小朋友都有」自己也要有，而會從心裏接納「生而不同」，對於各行各業、各種生活狀態和思維方式的人事物更易接納和包容。

可以說帶孩子出行，不僅是對於大自然的豐富認知，對社會多樣性的感受，對表達豐富性的感知，對人與人之間差異性的覺察，更是培養心智的翻轉課堂。

・選擇出行方式，避免乘坐飛機「壓耳朵」

關於帶孩子長途旅行，父母最關心的是：寶寶多大年齡坐飛機合適？專業資料顯示是出生 14 天以後。在女兒不到 1 歲的時候，我們全家去港澳地區旅行，為了避免飛機耳壓給孩子帶來痛苦，特意選擇了乘高鐵出行。女兒 3 歲前幾次出門基本是自駕或者乘坐高鐵，去三亞是女兒第一次坐飛機，我擔心她哭鬧，還準備了「熊孩子專用飛機致歉套餐」（耳塞＋糖果＋抱歉卡片），意外的是孩子居然很配合，自己拿了零食就開心地吃吃喝喝玩玩（還找出畫筆寫寫畫畫），全程無哭鬧。看到隔壁座位比自己還大些的小男孩捂着耳朵撕心裂肺地哭泣，女兒就把零食分給小哥哥，安慰對方「你吃了東西，耳朵就不難受了。」特別強調一下，飛機起飛降落的時候最好給孩子準備一點零食，吞咽可以有效地避免耳朵受氣壓壓迫。

・拒絕無聊，出行路上玩神器

帶 3 個孩子出門時間最長的一次是自駕去山西，全程大概有 8 個小時，孩子們除了中途上廁所以外，其他時間都在安全座椅上乖乖坐着，連續坐車這麼久，大人都很無聊，小朋友一路怎麼打發時間呢？別急，作為一個「孩子王」，除了之前推薦的各種玩法，我還有很多神器。

☆☆☆☆☆

佔嘴類：小零食、水果等。

佔手類：塗色書、小貼畫、拼圖、折紙、畫本等。

佔耳類：繪本、收音機、一起講故事、唱歌等。

iPad 神器類：Siri、彈鋼琴、彈夏威夷小結他、彈琵琶等。

音樂類 App： iPhone 備忘錄手繪功能、塗彩蛋、塗顏色、畫塗鴉等。

美術類 App：凱叔講故事、喜馬拉雅 FM 等。

故事類 App：還有卡通片、動畫電影、紀錄片等影片類內容。

我平時很少讓孩子使用電子產品，除了拍照和發語音，家裏連電視都很少有機會看。但是在旅途這種高強度的親子互動時間裏，爸爸媽媽也可以利用好科技，加入「互動」，間歇性穿插使用電子產品，注意時間就可以。平時不允許孩子吃的零食也可以搬出來，把枯燥的交通工具變得有趣。

當然，一張白紙、一堆氣球，甚至對着窗外的風景編故事講科普都是能讓孩子「打發時間」的好方法。如果有幾個小朋友同行，還可以根據年齡段玩故事接龍、笑話接龍、背古詩、唱兒歌、編故事等活動，相信小朋友們一路看風景一路玩，根本不會覺得無聊。

·旅行目的地，不同階段孩子的分齡攻略

孩子在 2 歲以內，因為生活作息和活動範圍的限制，不建議參與走馬觀花式的行程，「一站式」目的地出行更符合孩子的發展階段，比如近郊、博物館、公園等地方很適合小寶寶出行。3 歲左右的孩子，環境安全衛生，偏休閒的沙灘、海邊、兒童營地、度假區都是不錯的選擇。3~4 歲的孩子已經發展出自傳式記憶，對於細節和體驗可以回憶得更加清晰，探索慾和好奇心讓孩子對於陌生的體驗更加偏愛，稍遠一些的旅途也可以找到更多好玩的體驗。此外，上幼兒園階段的小朋友會逐漸接受和喜愛帶有科普性和教育意義的目的地，比如主題公園、博物館。而 6 歲以上的孩子，隨着體能、智力、邏輯思維的發展，根據喜好偏愛對人文景點、自然奇觀、文化活動等逐漸凸顯出興趣。

原則上，**親子出遊隨着孩子活動空間的擴展呈現出由近到遠的規律**。隨着孩子的成長節奏，循序漸進地推進出行內容向縱深發展。不需要刻意追求更貴更遠，不放棄任何一次陪孩子看世界的機會。哪怕只是雨後去隔幾條街的公園抓蝸牛，也可能比「打卡式」的旅行更有意義。目的地不分高下，出行一次有一次的歡喜。

·暗藏玄機，遊玩變「遊學」

帶孩子出去玩，既然是豐富的翻轉課堂，當然還是期待孩子在親子陪伴之外能夠有所收穫，那如何將遊玩變成遊學呢？

1.積極傾聽，巧用每一個「為甚麼」。

來到豐富的環境刺激中，孩子的發散性思維決定了他天生喜歡東看看西瞧瞧。如果爸爸媽媽可以像新聞工作者一樣，用好 5W 要素（what、 why、where、who、when），幫助孩子把分散的興趣點深挖一步，通過助推，幫孩子把旅行變成思考和探索，特別有助於孩子認知能力大幅發展。比如問「你在看甚麼呀？」「你覺得這個東西是幹甚麼用的？」很多小朋友自己就是移動的小問號，彷彿行走的十萬個為甚麼，不停地提問且不知疲倦。如果爸爸媽媽能積極地回應孩子的好奇與關注，給孩子有趣的開放式答案，相信孩子的求知欲大門也會隨之敞開。

2.充分共情，不嫌棄孩子的眼光和節奏。

很多爸爸媽媽帶孩子出門容易沉浸在打卡拍照、緊張安排、疲於奔波的流程中，不能理解孩子「不愛風景愛破景」的心情。埃菲爾鐵塔這麼好看，孩子怎麼盯着樹葉不動呢？都到長城了，怎麼和城牆腳下的小石子「杠」上了？孩子的視覺範圍和思維方式註定了對看似無聊事物的偏愛，加上 6 歲以內的幼兒先天就是自我中心的，出行節奏也不容易以大人的意願為絕對標準，不如偶爾也允許孩子任性一會兒自由探索吧。

3.異想天開，鼓勵孩子的創造性破壞。

尤其在美妙的大自然中，孩子特別容易被各種環境元素或者動植物所吸引，偶爾和泥、踩水坑、揚沙子，或者在沙灘邊、海邊瘋玩撒潑都是很有趣的體驗。在安全範圍和不違反規則的前提下鼓勵孩子小淘氣，是有建設性的「創造性破壞」。放飛自我，對孩子創造性和解決問題的能力很有幫助。

4.多個孩子出行，搭配安排行程幫助建立社交規則。

有的家庭有多個寶寶，或者同一個旅途中有兩個或兩個以上帶着孩子的家庭，難免會遇到幾個孩子年齡段、喜好、性格以及出行興趣點不相同的情況，這個時刻往往是最讓大人頭疼的。只照顧某一個孩子的喜好不太合適，也不利於家庭團結。父母不如坦然面對孩子「蘿蔔白菜，各有所愛」的現實，引導幾個孩子自發地規劃和商量行程安排，比如通

95

過時間交錯來輪流滿足孩子們的偏好，同一個景點選擇各自喜愛的項目等方式，把衝突變成合作。家長還可以幫助孩子在自己原本並不足夠喜愛的旅行活動中發現自己喜歡的樂趣。

5.參與其中，提供高質量高濃度的陪伴。

一家人出行本身就是比平時更親密互動的相處機會，努力把「陪孩子出行」變成「和孩子一起出行」，真正參與其中給孩子高質量的陪伴。

6.適當示弱，讓孩子兼顧大人需求。

出行不一定只能關注孩子，親子互動是雙向的，高質量的陪伴也需要照顧到父母自己的感受。適當尋求孩子的幫助與合作，讓孩子也滿足一下家長的小期待，或者利用酒店提供的託管服務，爸爸媽媽可以自己放鬆一下再轉換到孩子的視角，也可以滿足全家出行的需要。這種雙贏的合作關係讓旅途更愉悅。

7.高度敏感，積極回應孩子的小情緒。

旅行畢竟不是在家，環境的變化有可能引起孩子的情緒起伏，作息不規律或是突發狀況的出現都有可能讓孩子覺得不安和焦慮，這些都需要父母敏銳地捕捉孩子的感受信號，給孩子積極的回應。

8.旅程回憶，小工具幫助孩子強化出行成果。

旅行中孩子借助速寫本、日記本、拍攝設備、望遠鏡、收集器皿等都可以把自己零散的經歷串聯起來。回程後將照片打印整理、製作照片書、畫畫或者編故事都是加深記憶的妙招。北歐地區有很多森林教育活動，鼓勵孩子們製作「旅行樹枝」將戰利品串在一起，就像海盜出海在繩索上打結記錄一樣，這樣的「旅行紀念冊」對於大人孩子都是勳章。

尤其對於記憶容量還未足夠大的孩子，視覺聽覺等多感官重複體驗也有助於發展認知能力。

某次我和女兒聊起小海豚，她居然脫口而出：「我小時候在海洋王國和海底世界都見過。」去海洋王國是她不足 1 歲時候的旅行，明顯不是自傳式記憶的貢獻，很有可能是爸爸幫孩子們製作的照片書發揮了作用。翻看之前的旅行照片書、旅行小塗鴉、出遊小故事、旅行樹枝、沙瓶、冰箱貼、明信片等都是很實用的延長孩子記憶的幫手。

旅行本身，就是意義。不管是大人需要放鬆，還是孩子需要多元刺激，走進神奇的自然，擁抱有趣的目的地都是很好的解決方案。大手牽着小手，不論遠近，不限形式，和孩子瘋玩起來吧。

Tips：出行一定用得到的百寶袋

行李清單

- 旅行證件
- 食物和水
- 飲食輔助用具（保溫瓶、燜燒罐、圍兜等）
- 日用品（洗漱用品、毯子、睡袋等）
- 旅行用品（背帶、推車、兒童座椅）
- 衣物（至少 4 套換洗衣物，去海島必備帽衫，去山區必備風雨衣，去草原必備長褲，去熱帶地區必備帽子）
- 藥品（電子體溫計、物理退燒貼、治腹瀉藥、膠布、防曬霜、防蚊液等）
- 其他（兒童行李箱、防走失書包、小玩具等）

出行指南

飛機

- 2 周歲以內的健康嬰兒可在父母陪同下乘坐飛機
- 2 周歲以內購買嬰兒票，不佔座位，票價一般為成人票價的 10%
- 2~12 歲購買兒童票，有座位，票價一般為成人票價的 50%
- 寶寶機票一般需要和成人機票關聯，但會有單獨的登機牌
- 帶嬰兒出行可以提前致電航空公司，預定前排座位和嬰兒睡籃，安檢時可走優先通道

火車

- 車票按照身高規定購買，長途旅行建議選擇臥鋪，帶嬰兒出行建議選擇軟臥
- 空調車廂冷氣較足，注意寶寶睡覺時的保暖
- 時刻保持寶寶在自己的視線範圍內

自駕

- 必備適宜的兒童座椅，放置於後排座位
- 夏天出行攜帶遮光板
- 「Baby on Board」標籤貼在車後
- 司機應專心開車，不要轉頭逗孩子

2.8
玩科技，
互動打破常規的育兒方式

在本書開篇我就提到過：人愈來愈像機器，而機器愈來愈像人。人工智能、虛擬現實等科技的發展，給我們帶來了便利，但也製造了恐慌。如果真的在 10 年內 47％的職業都被取代了，那麼我們的教育如何面向未來？「美國競爭力計劃」（American Competitiveness Initiative，ACI）提出知識經濟時代教育目標之一是培養具有科學、技術、工程和數學，即 STEM 素養的人才，並稱其為全球競爭力的關鍵。很多面向小朋友的科學遊戲、機器人教育、智能玩具等已經成為系統的課程。讓孩子擁抱科技，無疑是為人父母必須面對的現實。

電子產品作為家庭最常用的科技產品，家長們往往對其憂慮大於喜愛。走到哪裏都能看到有小朋友拿着手機在玩遊戲，而且特別投入。玩了許久之後，父母們幾番催促，連拖帶拽，才不情願地把手機交出。低齡的小朋友，吃飯睡覺都要用手機看卡通片，在我們的家長群裏天天都有人吐槽電子產品是如何影響了自己的孩子。

· 全民看手機，沉迷背後的問題更嚴重

很多人形容電子產品是洪水猛獸，是毀掉孩子的罪魁禍首。

是否毀掉孩子不敢斷言，然而據統計數據顯示，國內某熱門網絡遊戲在上線 3 個月後註冊用戶已超過 2 億，日在線人數已達 5000 萬，也就是說，**每 7 人中至少有 1 個人在玩遊戲**。統計中的這款遊戲，只是遊戲大軍中的冰山一角。這其中，**超過一半是 23 歲以下年齡的人**。隨後，各大媒體開始陸續發聲，全民沉迷玩遊戲的問題看起來的確有點嚴重。

除了遊戲，國外很多研究也表明，網絡購物、影視欄目、社交網絡、休閒娛樂等都在不停地收割每個人的注意力。太多在現實世界活得無趣的人，都沉迷在虛擬世界裏找尋自己。

生活無聊的鍋，遊戲不背。

試想一下，如果你提供了比遊戲更豐富的刺激，那麼誰會抱着鍵盤和鼠標癡坐忘我？

如果老師的授課足夠有趣，那麼學生怎麼會不停地玩手機？

如果孩子的社交情況很理想，和同學出去聚會、踢球、參與戶外活動那麼有意思，誰還要玩遊戲？

如果孩子對面坐着小豬佩奇、汪汪隊、小馬寶莉，誰還顧得上玩遊戲？

我的很多學霸朋友都喜歡玩遊戲,從「英雄聯盟」、「魔獸世界」到「王者榮耀」,但他們只是在空閒時玩玩,並不會把人生的賭注都壓在遊戲之上。那些學霸爸媽,通過玩遊戲,還引導孩子做編程、嘗試開發遊戲。

遊戲之外,在你看不到的時光裏,他們考上了名校,努力深造,精進技能,認識了有趣的人,見過了美麗的風景,活出了比虛擬世界更精彩的自己。

・電子產品,多不如少

各種負面消息當前,成年人面對遊戲尚且如此容易「成癮」,何況是理智腦和情緒腦都未發育完全的孩子。自控力在強大的遊戲和電子產品面前,如果不加引導,真的太難發揮作用了。每次出門吃飯,我都能看到剛剛學會坐立的小朋友一邊用餐一邊看手機,媽媽一收走手機就開始哇哇大哭。

不僅僅是遊戲和卡通片,市面上很多針對小寶寶的影片和音像作品,都舉着兒童早期教育的大旗橫行其道。其實並沒有科學證據表明,它們對孩子的智力或者大腦發育有促進作用。**優質的教育媒介有積極正面影響的前提,一定是建立在孩子能夠理解它的涵義之上**。從一般規律來講,2 歲以內的寶寶很難具備這樣的能力。

撇開對視力的影響,收看數字媒體屬被動學習,屏幕上鮮豔的色彩、音頻互動等聲光電的觀看體驗,對寶寶很有吸引力,容易影響孩子注意力的發展。研究表明,一些**語言發育較晚和有社交障礙兒童**的出現**與父母自身過度使用電子產品**有關。

與撫養人之間的互動比玩電子產品更有價值。人與人之間真實的互動不僅涉及信息、知識的交流，撫養人的眼神、肢體、語氣甚至表情都能夠對孩子的語言理解、認知能力、情緒表達能力有很大的促進。

美國兒科學會在 2011 年做了一項大型調查。調查結果顯示，90%的父母說他們有給 2 歲以下孩子看某些數字媒體的經驗。全美國 2 歲以下孩子平均每天看電視或者智能設備的時間是 1~2 小時。到 3 歲的時候，幾乎 1/3 的美國孩子的臥室裏有一台電視。根據美國兒科學會的指南，我建議：

• 盡可能不要讓 2 歲以下的孩子看電視或者使用手機看影片，若必須這樣的話，也要儘量縮短時間，不推薦 2 歲以內孩子看任何電子媒體（美國兒科學會在 2017 年將這個標準降到了 18 個月）。

• 如果父母實在抽不開身來陪孩子玩，也盡可能不要打開電視，而應該在父母能監看到的範圍內，讓孩子嘗試自己玩玩具。比如，母親需要做飯的時候，不要打開電視圖省事，最好讓孩子在附近的地板上玩適合年齡的玩具。

• 不要在孩子的臥室放任何帶有熒屏的產品，包括電視、電腦、平板電腦等。

• 要記住，即使不給孩子看，自己在陪孩子玩的時候看電視或者手機也是對孩子不利的。

• 就餐的時候，不要開着電視，而應該關掉，專心和孩子一起就餐。

．防沉迷，不只是孩子一個人的事。

．身教，是大多數行為問題的答案。最重要的是父母是否做到。家長如果總當着孩子面玩遊戲、看手機、看影片，孩子自然覺得電子產品很有吸引力。有些父母、老人或者保姆在帶孩子的時候為了讓孩子能夠安靜一會兒，會打開電視或影片等，也容易導致養育中電子產品的過度使用。父母需要自我審視一下，**我們是孩子成長環境的提供者和創設者，時刻提醒自己，來自家長的刺激是正向的還是負向的。**

當然，這個時代我們不可能脫離手機或者電子產品，電子產品確實給我們提供了高效和便利，但是做到**陪孩子玩的時候不看電子產品**，是我們陪伴孩子玩耍最基本的底線。

如果寶寶已經對電子產品產生了依賴，父母需要嘗試這幾個方法：① 限定時間，根據孩子的年齡段控制時長，比如一天看兩集卡通片或者玩 30 分鐘遊戲。② 在相對固定的場景提供電子產品，比如旅途駕車時。③ 多使用需要交互的內容，需要創造性和操作感的內容。比如畫畫軟件、聲音樂器遊戲等。④ 加入親子互動，把電子產品變成大人和孩子互動中的玩具。適時引導，及時吸引孩子注意力，通過父母帶領孩子一起玩遊戲、玩音樂、玩體育，增加互動等形式，或者與小夥伴約好出去活動。只有當孩子覺得與人相處比電子設備更有趣時，就會不再沉迷電子產品了。

切記：**家庭教育的主角永遠是父母。不要讓「手機媽媽」和「遊戲爸爸」成為孩子成長的主角。**

‧成長，也可以像電子產品一樣讓人着迷

如果孩子可以沉迷電子產品，那同樣也可以沉迷學習。關鍵在於如何讓生活變得有趣。對於孩子來講，如何讓孩子的成長變得有趣而高效？這一點電子遊戲給我們提供了參考。

1. 目標明確：遊戲的目標特別直接，主線任務就是打怪升級，或許還有很多副線任務的設計，然而「贏」就是第一位的。所以幫助孩子制定學習任務的時候，也一定不要好高騖遠，每次進步一點點就是最好的飛躍。

2. 時間限定：一般來講如果給孩子需要太長時間才能完成的任務很難讓孩子專注，10~20 分鐘的短時回合制遊戲足夠碎片化，而且不會覺得冗雜。學習也不要沒完沒了地堆砌任務，短時高效切換頻道，愈是簡單的任務愈容易及時完成。比如一次背誦幾個單詞，一次練習兩首歌曲，一次完成 20 分鐘作業，有相對緊湊的時間設定才有高效的完成度。

3. 即時獎勵：遊戲特別直接的一點就是只要進攻就有回報，戰鬥值、分數、裝備、排名幾乎是實時展現的。或許我們也可以在孩子學習的過程中用具體形象的讚美、小而實用的物質獎勵來讓孩子在完成任務後獲得「實時反饋」。比如我看到一些美國小學生如果閱讀 10 本書可以換貼紙、50 本書換卡通玩偶、100 本書換獎勵徽章等，孩子能不喜歡這樣的「成長遊戲」嗎？

4. 社群互動：現在的遊戲體驗愈來愈真實，不僅體現在畫面或者競技設計，SNS（社交網絡）的引入也讓孩子們形成了緊密的社群關係。比如兒子向他的夥伴們喊一嗓子：「哎，快來，咱倆拼一局！」顯然，幾個小夥伴高下立判，不僅是玩還有「競爭」，這一點如果可以在孩子的生活和學習中借鑒也是威力無窮的。比如孩子在賴床，我和孩子說：「你最喜歡的某某已經在樓下騎小車了，你要不要和他比賽看誰騎得更快？」不用催促，孩子立馬自己穿衣穿鞋自己下樓，如果沒有這樣的「朋輩競爭」，我想我嘮叨半個小時也不見得有甚麼進展。

成長不一定是枯燥的，也可以是有趣的。

如果人類可以對電子產品上癮，那也可以在所有事物上找到樂趣。「上癮」是一門學問，讓孩子對一切美好的事物上癮，像沉迷遊戲一樣享受探索世界的樂趣，這樣的家庭教育，才是成功的。

・科技，也可以是育兒工具

電子產品，也有重大價值。 數字媒體作為一種新時代的培養孩子的媒介素養，是不可或缺的。如果都停留在遠古時代，科技的進步也就失去了意義。飛速發展的人工智能，已經讓電子科技更加人格化和互動化。我們的孩子，隨着成長的節奏，也會與科技無法分離。

有一些簡單的科技產品，可以幫助孩子理解物理規律，懂得因果關係。比如電子琴讓孩子知道按鍵和聲音之間的聯繫，開關可以幫助孩子建立最簡單的機械原理思考。行動與結果之間的聯繫，對於孩子最初思考世界的方式有很大意義，這個時候簡單的電子產品也是很好的遊戲工具。我們在「玩旅行」的章節中也強調了在特殊情形下，電子產品對時間、空間的靈活性也讓陪伴變得簡單便捷。比如聽故事、玩鍵盤、塗鴉、看繪本、做編程、看動漫等「孩童友好型」的產品讓孩子一面與科技結緣，一面與父母連接。科技不僅好玩，還可以有價值。

只要在這個過程中，我們不是將孩子託付給工具，而是借工具之手增進親子情感，交流各自觀念，建立親子連接，思考問題和方法……那麼電子產品這個「第三者」也不會成為親子關係和家庭教育的**毒藥**。

除了偶爾體驗智能玩具和科技小遊戲之外，在一些具有未來感的展覽中，也有很多科技與教育相結合的內容。比如我們全家一起看過的「花舞森林與未來展覽」中就有很多全息影像，還有感官遊戲、光影互動的 AR 和 VR 內容，我和孩子們都非常享受。除此之外，我常常用一問一答的方式和孩子們交流看過的影片或者展覽，第一遍觀影共同觀看，第二遍回家自導自演，第三遍回憶故事或者自己改編內容……這樣我們便有了新的玩耍內容、親子塑造「共同體驗」的經驗，更擁有此起彼伏的笑聲。

科技本身是客觀冰冷的，但是親子互動不是。任何工具都是我們和孩子溝通相處的媒介。抱着一起玩玩看的心態，而不是改造孩子的目的，養育中才會收穫更多的驚喜。畢竟，好的親子關係才能有好的親子教育。

Part 3
玩出孩子
的核心能力

3.1
情緒，孩子一生
最重要的
「元能力」

　　前面我們分享了那麼多好玩又有用的玩法，很多父母一定特別希望看到和孩子成長更直接的聯繫。雖然養育從來無法量化，但是孩子成長過程中的各項核心能力是必不可少的。

　　我們都很重視孩子的社會交往，從出生開始，孩子就開始進行社交了。與自己的關係、父母的關係、手足的關係、同學的關係……都是社交的範疇。有的朋友可能會疑惑，社會情緒學習跟孩子哭鬧、發脾氣、行為偏差、社交問題等有甚麼關係呢？

　　是不是社會情緒學習就等於情商教育？這不就是這個人會察言觀色、八面玲瓏，或者會說話，讓別人心裏舒服嗎？

·情商，就是會說話嗎？

　　關於「社會情緒」與「情商」這兩個概念，我們常用，但常常是誤用，對這兩個詞有着很多的誤解，甚至很容易將社會情緒學習等同於情商教育。

第一大誤解：情商就是會交際，並且這種人際交往能力可以速成。以為通過一些功利的套路和方式讓別人喜歡我們，把自己營造成別人期待的樣子就是情商高。「教你 10 個方法，秒變高情商達人」等諸如此類的社交速成班似乎就是情商甚至「社會情緒學習」的主要內容。

　　第二大誤解：情商就是讓別人舒服。至於自己的情緒和感受，從來不是重點。所以那些熱門文章中提到的「情商高，就是好好說話」、「情商高，就是不給別人添麻煩」等就是在把情商等同於別人的主觀感受。其實真正的高情商，不僅僅是讓別人舒服，更應該是自己的和諧。是建立在他本身就是這樣一個人，他就是從自己本身的情緒經驗出發，去處理自己周圍的人際關係，他既是周到的又是真誠的，他讓別人愉悅，同時也沒有委屈自己，他自己也是內外和諧的。

　　這樣的高情商是「社會情緒學習」到位而產生的自然而然的結果，它建立在一個人情緒良好發展的基礎上。事實上，基於科學研究和實踐經驗相結合的「社會情緒學習」，不僅有助於提高孩子的情商，改變孩子的學習和生活態度，降低問題行為，提高學習成績，還可以更大程度上幫助孩子獲得人生的幸福與成功。

　　總結一下，社會情緒學習可以幫助培養情商，而情商可不等於社會情緒學習。

　　社會情緒學習 SEL（Social and Emotional Learning）是指孩子學會控制自己的情緒，發展對別人的關心及照顧，做出負責任的決定，建立並維持良好的人際關係，有效地處理各種問題的學習過程。

美國社會情緒學習組織 CASEL（Collaborative for Academic, Social, and Emotional Learning）的系統研究，是以丹尼爾・戈爾曼的情緒智能理論為核心開發的行之有效的社會情緒學習培養法則。

早在 20 世紀 90 年代，社會情緒發展計劃就開始出現在美國中小學教育大綱中，並明確規定學時和教學目標。另外的一些社會情緒學習課設置為「After school（放學後）第二課堂」，以補充的形式進行。這種系統的學習已經給全球數千萬的孩子帶來了積極的影響：

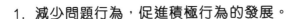

1. 減少問題行為，促進積極行為的發展。
2. 有利於形成良好的學業態度和學習表現，提高了學習成績（11%~17%）。
3. 有利於培養學生的道德品質，成為良好公民。

當孩子處於 2~3 歲叛逆期時，與自己、與父母、與社會之間的情緒全面爆發，無論父母要求他做甚麼事情，都會說「不」，還動不動就企圖用哭鬧撒潑要脅家長滿足自己。這個階段，**很多父母會覺得自己與孩子之間是敵對關係，但又希望親子關係是雙贏局面**。其實在歡笑和玩耍中孩子就可以學會「情緒管理」技能，積極與父母合作。比如每次女兒試圖用哭鬧讓我們妥協，給她多吃一個冰淇淋的時候，我就會開啟玩法模式，進行「假裝遊戲」，撅起鼻孔，捏着嗓子，學着小豬哼哼的聲音，告訴她：「我是小豬佩奇，你好像很難過，你一定特別想吃冰淇淋，我們一起做一個草莓味的吧！」女兒看了哈哈大笑，很開心地和我一起假裝做冰淇淋，不再糾結於自己的情緒問題。

你看，一個簡單的角色扮演遊戲，孩子瞬間學會了情緒轉移，焦點從「吃到冰淇淋」變成了「假裝做冰淇淋」，這個過程中還學會了情緒管理和社交技能，創造性地想像與卡通片裏的人物開始玩耍。這比我挖空心思講吃太多冰淇淋的危害要有用多了。

・情緒經驗，代代相傳的「幸福基因」

研究證明，孩子幼年的情緒經驗會影響孩子的一生。父母需要幫助孩子去積累正向的情緒經驗，**幫助他成長為身心和諧的社交達人，更好地與自己、與他人合作。**

這種情緒經驗怎麼積累呢？舉一個很簡單的例子，比如大多數媽媽都有半夜餵奶的經歷，如果孩子半夜哇哇大哭，一種媽媽的反應是：「好煩，怎麼總是沒完沒了地哭啊！你真是磨人啊！累死我算了……」另外一種媽媽的反應可能是：「寶寶，你是不是餓了啊？哪裏不舒服了嗎？來，媽媽拍拍你，餵餵你，乖寶寶，我們一起睡覺。」這兩種媽媽不同的處理孩子哭鬧的反應，就會成為孩子的情緒經驗。孩子會感受到「我是煩人的」還是「我是被呵護的」。那些被父母及時回應、用積極的情緒和態度給予情感支持的嬰兒更容易形成安全的依戀關係，長大後更容易成為積極樂觀、善於交際、幸福快樂的人。

無論是嗷嗷待哺的嬰兒，還是青春期的少年，都需要被父母關注、支持、陪伴。尤其重要的是在孩子生氣、傷心、哭鬧、大發脾氣等看似是問題大爆發的情緒化時刻，父母對孩子的回應，是積極的還是消極的，是忽略還是關注，極大地影響到孩子社會情緒經驗的形成。

很多時候我們把孩子看得非常簡單，常常認為我是為了你好，我是很愛你的，但是很多時候是以愛為名的綁架。我們的文化中有這種暗示，就是鼓勵父母去壓抑自己真實的情緒感受和需求，為了孩子犧牲自己，我們也希望孩子順從、馴服、乖巧、聽話。雖然 80 後和 90 後的父母在這方面有一些覺醒，但我們還是經常會聽到這樣的話：「你不許哭了，你不要鬧了，你要聽話，你要坐在這裏老老實實的，不然媽媽就不愛你，不喜歡你了。」你看，我們不僅自己沒有辦法表達自己的情緒感受，還要求孩子也做一個無情緒的人。

其實這種方式對孩子來說是非常大的阻礙，在孩子有各種各樣情緒問題的時候，我們用甚麼方法來處理，決定着孩子能不能理解自己和別人的情緒，進而能否妥善地處理他的人際關係，成為一個受歡迎的人。

比起苦口婆心的說教，或是強硬的棍棒教育，「玩」是我們處理孩子各種問題的捷徑。這就是我一直在強調的，不要跟孩子光用嘴說，而要跟孩子玩起來。因為「玩」是孩子最重要的學習方式，是最直接最有效的成長路徑。父母通過有意識地引導孩子「玩」，幫助孩子積累更多積極的情緒經驗，學習更有效的情緒管理技能，重塑內在自我與外在世界的和諧關係，最終成為一個有能力「讓別人舒服、更讓自己愉快」的幸福寶寶。

畢竟幸福是比成功更重要的核心競爭力。

3.2
「我生氣了！」
玩出孩子的情緒力

　　我們經常遇到這樣的時刻，孩子把冰淇淋掉地上了，瞬間哇哇大哭，我們開始安慰：「寶貝，不哭了，掉地上就不要了。」然而，孩子哭得更兇了，「不就是個冰淇淋嘛，我們再買一個就好啦！」「來，媽媽抱抱！」這下孩子哭得更慘了，天崩地裂，撕心裂肺……

　　明明只是小事，這個孩子怎麼就這麼「任性」，沒完沒了呢？一顆融化了的糖、被弄髒的玩具、丟了的破石頭、被搶走的小火車……各種各樣我們大人覺得沒甚麼大不了的事情，卻總讓孩子崩潰。

　　孩子為甚麼總哭啊？

　　甚麼時候學會了滿地打滾？

　　怎麼還開始打人了？

　　上一分鐘還嘻嘻哈哈，這會兒怎麼就鬧情緒了？

·情緒密碼：破譯孩子的情緒機制

其實不是孩子太情緒化，要怪就怪我們人類的大腦吧！心理學家研究表明，人類大約 70%~80% 的腦細胞都是在 3 歲以前形成的，並且，這期間形成的主要是語言、音感和記憶等代表智力功能的細胞。可以說，孩子上幼兒園時，智力腦 80% 已經「加載」完成。但是情緒腦的發展還很不健全，要到青春期結束，甚至 20 歲以後才能有相對完善的情緒控制能力。而情緒控制能力，極大程度上決定了理智的發揮。

如果是我們大人把冰淇淋掉到地上，雖然會有點生氣，會有些不爽，但我們會自我安慰「都怪我一邊走路一邊看手機一邊吃東西，不小心掉了吧！」「算了，我再買一個吧，剛好也快吃完了，換一個口味。」然而孩子是沒辦法這麼快處理情緒和控制情緒的，他會沉浸在冰淇淋掉到地上這一種悲傷、失望、受挫的情緒中無法自拔。所以，上一秒還很開心的孩子，突然會因為某些原因開始哭鬧，好像天塌了一般。實質上，這是個體發展階段的問題，而不是孩子任性或者不乖的問題。

父母如果要責備孩子太情緒化，還不如問為甚麼我們人類不能生下來就會跳舞呢！

·三人成虎：被誤會太久的情緒

情緒有積極和消極之分，我們很容易有這樣的看法：

1. 積極情緒是好的，消極情緒都是不好的。

其實消極情緒如恐懼，是我們人類得以生存和進化的強有力工具。比如看到老虎，人類很害怕，知道要逃跑或者不要招惹猛獸，這樣出於

生存本能的防禦機制讓我們學會自我保護，人類才能存活至今。再比如焦慮，適度的焦慮可以幫助我們集中注意力，在一些考試或者任務中有更好的表現。

2. 消極情緒應該被制止。

我們都很容易反感甚至禁止消極情緒的表達，比如孩子傷心的時候會警告孩子「不能哭，再哭出去！」比如孩子生氣的時候會批評孩子「不能打人，摔東西是不對的！」比如孩子發脾氣說「媽媽討厭」，被我們認為是原則問題，好像孩子真的不愛我們了。過度期待儘快禁止孩子表達情緒的行為，反而會讓孩子的情緒受阻礙。比如孩子說「討厭媽媽」，很可能只是不喜歡媽媽剛剛對待他的某種方式或者討厭媽媽拒絕他的要求，並不是真的「恨」媽媽。如果父母只是把焦點集中在孩子消極情緒的制止上，孩子很容易錯過被積極引導的機會。

3. 孩子最好永遠快快樂樂，不要出現消極情緒。

積極情緒和消極情緒相伴相生，喜怒哀樂。各種各樣的情緒讓孩子的感受更加豐富，也讓孩子學會與別人「感同身受」。允許孩子和消極情緒相處，積累豐富的情緒經驗，是很重要的一項學習任務。

·控制情緒：拆除地雷的「三步法」

第一步，充分共情。共情不是同情，是站在孩子角度和孩子一起體驗細微和複雜的感受。小孩子語言表達能力相對有限，可以用「你看起來／感覺……是嗎？」的句式來詢問，比如「你是不是因為看到媽媽一直都在忙……沒有陪你玩。爺爺奶奶也在忙……所以……」儘量描繪出孩子細微複雜的情緒和感受。這個時候如果可以用擁抱、撫摸等肢體接觸幫助建立親子連接，會讓孩子的情緒很快平復下來。

第二步，識別情緒。如果孩子在經歷了一個事件以後可以知道自己的情緒是怎樣的，並且描述出來，那麼孩子的情緒問題就解決了一半。我家有一面寬 3 米的塗鴉專用牆，是我和女兒最愛的玩耍區，我會把小貓的各種情緒表情都畫在牆上，讓女兒描述是甚麼情緒，還讓女兒猜猜可能小貓發生了甚麼事情。女兒有時候會告訴我「小貓的魚被搶走了，她很傷心。」或者「天黑了，小貓很害怕。」我們還會一起在紙上畫「情緒卡片」，把各種各樣的情緒都畫出來，有時候我會故意畫錯，女兒會角色扮演，當成老師「糾正」我的錯誤。其實除了畫出來以外，繪本裏的表情，甚至爸爸媽媽表演情緒表情，讓孩子來玩情緒識別遊戲，都會對他們識別情緒很有幫助。

　　關於識別情緒，強烈推薦一部我和女兒都很喜歡的卡通片《玩轉腦朋友》。故事講的是 11 歲的小女孩萊利和她大腦裏的五個情緒小人：阿樂、阿愁、阿驚、阿憎和阿怒，分別代表她的快樂、憂傷、恐懼、討厭和憤怒五種情緒。這部動畫電影最適合孩子識別情緒的地方，就在於它把人類這麼抽象的「情緒」和「感受」用 5 個小人生動形象地展示出來。這部動畫電影還涉及腦科學和心理學等方面的科學知識，不僅受到專業人士的喜愛，也易於小朋友們輕鬆理解。哈佛大學教育學院副教授 Stephanie Jone 及其研究團隊根據這部卡通片，研究出了情緒管理的策略模型。

　　當女兒有情緒的時候我就會問她：

　　「你腦袋裏是哪個小人兒在跳？阿樂還是阿驚？」

　　「還有哪個小人兒在跳呢？」

　　我們對孩子的情緒進行確認，才能讓孩子學會瞭解自己的情緒。在這個給情緒「貼標籤」的過程中，孩子自然識別了自己的情緒，並且把情緒和理智慢慢結合起來。而情緒的發展，也會反過來有助於認知能力、語言能力等智力腦方面能力的成熟。

　　第三步，提出解決建議，引導控制情緒。對於孩子，尤其是語言能力有限的小寶寶，很容易在遇到情緒問題的時候發生攻擊性行為，比如打人、咬人、摔東西。這個時候攻擊和破壞就成了孩子語言的延伸。比如我女兒和小朋友玩耍時，就發生過因為搶一顆石頭而相互推撞的情況，女兒爭搶目的未遂，就推了一把小朋友。我沒有急着去批評她，而是問：

　　「寶寶，剛剛發生了甚麼事情？」（詢問事情經過）

　　「她搶了我的石頭！」（描述事實）

　　我接着說：「所以你很生氣，因為你的石頭被拿走了。」（幫助表述情緒）

　　「對的，我真的很生氣！那是我的石頭。」（表達情緒）

　　我對女兒說：「你可以用嘴巴告訴小朋友你很生氣，而不是用手。我們是不是有更好的辦法？」（提供建議，尋找替代方案）

　　在我的引導下，女兒向小朋友道歉，並且和對方說：「對不起，我不該推你。但是我很生氣，這是我的石頭。你一會兒必須還給我。」（表示歉意，表達情緒，描述事實，解決問題）

　　在之後遇到有社交問題，甚至女兒和弟弟們有衝突的時候，我都會提醒她：「你可以用嘴巴告訴對方你的感受。」

引導孩子表達情緒的重點就在於讓孩子感受到：

1. 一切情緒，不管是積極的還是消極的，都是被接納和認同的。

2. 情緒可以被接納，行為需要被規範。

‧攻擊性遊戲，幫助孩子釋放負面情緒

在管理情緒的過程中，除了玩塗鴉、玩動畫、玩繪本、角色扮演等方法之外，「攻擊性遊戲」的對抗形式，也可以幫助孩子釋放一部分的負面情緒。比如我常和女兒玩的「枕頭大戰」和「打地鼠」遊戲，就是用枕頭相互攻擊，女兒時而喊叫着躲開我的「炮彈」，時而舉起道具向我發射，在玩鬧中，她的不愉快都煙消雲散了。

有一次我偷吃了她的餅乾，她發現以後非常憤怒，瞪着小眼睛說：「媽媽，我生氣啦！你把我的餅乾吃了。你這隻貪吃的小老鼠！」然後就抱着靠枕大笑着向我衝了過來……

3.3
「我不怕！」
玩出孩子的抗挫折力

　　很多媽媽都遇到過這樣的場景，孩子總說「我怕」、「我不敢」，想盡一切辦法逃避困難。父母說「沒關係，往前走吧」，可孩子還是畏縮，知難而退。

　　有這種現象，父母一邊說「輸了沒甚麼」，「不是第一名也沒關係」，一邊責備孩子「你對得起自己嗎？」你是真的不在意孩子的成績，還是假裝不在意其實很在意？**挫折本身對於父母的意義，也會傳遞給孩子。**所以抗挫折能力的學習，不僅僅是孩子的功課，更是父母幫助孩子學習應盡的責任。

　　跳跳媽媽就常遇到這樣的困境，跳跳每次玩拼圖玩到一半不會玩了，就很生氣地哭鬧，把拼圖扔掉，再也不去玩了。不論媽媽怎麼安慰「沒關係」、「再試試」，他還是沉浸在挫折中不願繼續。這件事情讓跳跳媽媽也覺得很不愉快。現在我們就來聊聊，怎樣提升孩子的抗挫折力。

·人生贏家：輸得起的孩子，才能贏得起

有一位家長曾經問過我，孩子每次玩遊戲只能贏不能輸，贏了特別開心，輸了就會哇哇大哭，甚至還埋怨大人以大欺小，不讓着他。父母十分苦惱，現在家裏人都會讓着他，長大後同學、同事、社會都會讓着他嗎？

雖然孩子喜歡贏是好事，追求價值和評價是很強勁的驅動力，不想當將軍的士兵不是好士兵，但是一方面孩子情緒管理能力有限，我在之前的內容中介紹過孩子的情緒機制，大腦發育決定了孩子很容易覺得挫敗和不滿，另一方面孩子的邏輯思維能力發展階段決定了他還不能更好地思考輸贏之間的關係。

對於「輸不起」的孩子，我的建議是：首先，父母肯定孩子喜歡贏的想法，鼓勵孩子追求更好的自己。其次，學會誇獎孩子的努力和進步，培養孩子的成長性思維，可以和孩子分享自己或者其他人輸過的故事。共情，讓孩子學會評估和解決問題。進一步詢問孩子輸了怎麼辦？建設性地尋找替代方案，或者誰做得好，有甚麼可以借鑒。最後的大招就是和孩子玩模擬「輸贏」、「快慢」的比賽，讓孩子在評價體系之外感受成就本身，不需要刻意輸給孩子。

在這個案例中，**我們發現讓孩子更好地理解「輸」，才能更好地處理挫折。**

經常聽到學生跳樓自殺的新聞，或因為學習，或因為戀愛，或因為遊戲……不僅是中小學生，那些被高等學府錄取的天之驕子，人生才剛剛開始，也因為種種原因選擇結束自己的生命。大家會評論「怎麼一點壓力都承受不了？」、「太嬌氣了！」……

壓力和挫折很容易令人覺得消沉，甚至自暴自棄。但是為甚麼有的人可以「臥薪嚐膽」，而有的人是「三天打魚兩天曬網」呢？哈佛大學的研究發現，**能否在困境中突破，實現逆襲，成為「輸得起」的孩子，核心在於韌性。**

當人遭遇壓力的時候，很快進入應激狀態，心跳加速、血壓升高、激素水平迅速變化。那些遭遇極端事件的孩子，比如犯罪、侵害、虐待，孩子會處於「毒性壓力」中，這樣的情況對於孩子的認知發展能力、身心健康、控制和執行能力都非常有害。一系列情緒和行為問題，就這樣出現了。

韌性度就像橡皮筋，重點不在於拉多長，而是回彈的能力。當孩子的健康和發展傾向於積極的方向時，即使孩子遇到了困難、壓力，他們積極的人生經驗可以擊敗消極的經驗，讓自己更好地恢復過來。當孩子的發展傾向於消極的時候，就容易在小挫折面前變得悲觀，認為自己再也無法好起來了。

那些「輸得起」的強韌性孩子普遍具有以下幾個特點 ：① **足夠的社會支持。** 對於孩子來說，應與 1 個以上的成人有長期穩定的愛與支持關係、安全的依戀關係，這不僅可以來自父母，也可以來自多個撫養人。② **足夠的掌控感。**生活環境的相對穩定、和諧、規律，都有助於孩子預測自己的穩定性。知道自己是安全的、可控的，孩子也不容易陷入無助中。③ **足夠的自律和執行能力。**能夠自己解決問題，這樣的成功經驗會幫助孩子很快重拾自信。④ **足夠的精神支持。**比如信仰或者社會文化的支持。在第二次世界大戰後的很多受創地區，有民族文化傳統和宗教信仰支持的家庭，孩子的 PTSD 恢復情況更理想。有精神支持的人不容易把一些意外的事件認為是必然的，也更容易相信生活之後會好起來。

· 苦難教育：抗挫折力≠挫折教育

經常在網上看到有些「虎媽狼爸」奉行挫折教育，冬天光膀子，夏天玩冰桶，甚至還有人帶着 3~4 歲的孩子在酷暑下徒步穿越沙漠……當然，鍛煉孩子的初心是好的，但是抗挫折能力和刻意的「挫折教育」是一回事嗎？

積極心理學家馬丁‧塞利格曼研究發現，人或者動物，因為不可控事件而不斷遭受挫敗，便會感覺到自己對這件事情的無能為力，喪失信心，陷入一種無助的心理狀態。這就是「習得性無助」。因「習得性無助」而產生的絕望、抑鬱和意志消沉，成為許多心理和行為問題產生的根源。學習成績差、工作拖延低效、家庭暴力、悲觀抑鬱……面對很多挫折和困境的人，都常常出現習得性無助的特徵。而且這種感受還會擴散和傳染，就像病毒一樣，看到別人遭遇挫折，會聯想到自己也不會再好起來了。

所以我們發現，挫折本身不是財富，對待挫折的態度和方式才是最重要的。而且生活本身，就充滿了現實的挑戰和挫折。

· 過程導向：誇獎出孩子的成長性思維

很多父母發現多鼓勵孩子「贏不重要」、「重在參與」，讓孩子以過程為導向，弱化結果似乎可以幫助孩子更好地應對挫折。

鼓勵和讚美是沒錯的，可是一味地說「你真聰明！」、「你真棒！」這樣泛泛地誇孩子真的一點兒好處都沒有。甚至，可能成為孩子成長道路上的攔路虎。

斯坦福大學著名發展心理學家 Carol Dweck 在過去的 10 年裏，和她的團隊都在研究表揚對孩子的影響。他們對紐約 20 所學校的 400 名五年級學生做了長期的研究，發現總**被誇聰明的孩子更容易形成固定型思維模式，被誇獎努力的孩子更傾向成長型思維模式**。這一理論（Fixed vs. Growth Mindsets）就是說，常被誇獎「聰明」的孩子會更容易認為人的才智是天賦使然，如果你做不好就是因為你並不聰明；相反，常被誇獎「努力」的人，認為才智是可以通過努力而提高的。

　　那些認為「聰明」或者天賦是成功關鍵的孩子，會不自覺地輕視後天努力的重要性。為了表面的成功和看上去的優秀，他們會懼怕挑戰和改變，更願意停留在一個足以勝任的領域裏，也更容易在面對挫折和失敗的時候退縮逃避。**聰明不等於成功，而成功卻等於努力加聰明。**

　　每個孩子都是聰明的。失敗或者挫折，往往不是孩子不夠聰明，而是因為不夠努力。所以，**教育學獎勵機制的頭條就是獎勵努力，不獎勵聰明。**

　　很多家長說，那孩子聰明就完全不能誇了嗎？事實上，孩子如果在某一領域展示了濃厚的興趣和獨特的天賦，適度表揚和讚美孩子的聰明和天賦，也可以幫助他們樹立自信心。但是從長期的效果來講，還是**針對具體的事情進行表揚對孩子更有幫助**。而且發自內心的肯定，比誇獎本身更重要。

　　對孩子一生影響最大的人是父母。孩子很希望得到父母的肯定和認同。父母給孩子的認同可以是多元的，可以是一個讚美的微笑、一個鼓勵的眼神、一個驕傲的點頭、一個親昵的擁抱、一個溫柔的親吻。

對於三觀尚未成形的孩子來說，最初的自我認同更多地來自於環境，更確切地說，源自於父母。父母誇獎的過程也是給孩子貼標籤的過程。誇獎孩子，其實就是在告訴孩子：

爸爸媽媽認為你是一個 ＿＿＿＿＿ 的人。

你希望給孩子在空格上只填着聰明、優秀、有天賦？還是每一次努力的嘗試和成長的過程？

人生好比馬拉松，開跑的時候最需要鼓勵。萬事開頭難，沒有成功經驗沒有足夠能力的孩子，最需要父母的正向反饋來形成自己的自信心。有人這麼總結，**誇獎努力不誇獎聰明，誇獎事實不誇獎人格，誇獎過程不誇獎結果，誇獎具體不誇獎全部。**

案例 1：從超市回家的路上，孩子幫媽媽提東西。

錯誤示範：「好孩子，你真棒。」

正確讚美：「謝謝你，幫媽媽拿袋子，真是樂於助人的好孩子。」

案例 2：孩子計算了很久，終於答對了一道題。

錯誤示範：「答對了，你好聰明。」

正確讚美：「答對了，媽媽看到你努力嘗試了很多次。」

案例3：孩子摔倒了，自己拍拍衣服上的塵土爬了起來。

錯誤示範：「真是乖孩子。」

正確讚美：「摔倒了都沒哭，真堅強。」

　　無論誇獎還是批評，父母的語言就像「無形的手」，給孩子貼怎樣的標籤，孩子就會向這個標籤靠近。就像繪本《孩子，把你的手給我》中，關於表揚孩子有一個很恰當的比喻——「稱讚，就像青黴素一樣，絕不能隨意用。使用強效藥有一定的標準，需要謹慎小心，標準包括時間和劑量，因為可能會引起過敏反應。」

　　所以學會正確地鼓勵孩子，為孩子應對挫折的過程點讚，培養孩子的成長性思維，會讓孩子更有韌性、更堅毅，從而從容應對挫折。

・心理營養：愛是抗挫折力的基石

　　細心的家長一定注意到了我們剛剛講到的「情感支持」。愈有愛，愈強韌。我們講孩子的情緒管理、社交養成、習慣培養、性格塑造等，核心都在於讓孩子覺得「有辦法」、「有能力」和「我可以」。而這一切都建立在孩子覺得我是值得被愛的，我的錯誤是可以被包容的，我的情緒是可以被接納的。**家人的愛，某種程度上，決定了孩子的自愛。**

　　想想看，在挫折面前，孩子自己已經覺得無助、無望，再想想等待自己的可能是父母家人的苛責和批評，那麼就更無法坦然面對後果了。**可怕的不是挫折，而且挫折帶來的更多的不被愛。孩子抗挫折力的培養，首先是父母抗挫折力的升級。**陪孩子在愛中一起愈挫愈勇吧！

3.4
安全教育，
誰說只能大人保護孩子

　　這幾年關於兒童保護的負面事件太多，總讓家長覺得無力。社會的不可控，外界的不確定，家長的不信任，所有人似乎都有些 PTSD。恨不得每天問孩子「有沒有人欺負你？」。

　　我們希望孩子美好，又害怕孩子太好。在各種負面情緒強度遠遠超過慘劇本身的事件之中，太多好人的結局居然變成了慘案。我們忍不住捫心自問：「我們從小被教導與人為善，何時善良變成了原罪？」當了父母以後，無法面對孩子成長中這樣那樣看似偶然的隨機事件，看到這類報道的瞬間已然淚目。我依然希望孩子做一個好人，去承擔和享受他應該在社會中的責任和呈現的角色。可是，孩子，如果善良是原罪，自我保護才是你唯一的救贖。孩子安全成長確實不容有任何閃失。最著名的兒童自我保護指南——《英國兒童十大宣言》指導性地提出了孩子成長的安全秘訣。

1. 平安成長比成功更重要；

2. 背心、內褲覆蓋的地方不許別人摸；

3. 生命第一，財產第二；

4. 小秘密要告訴媽媽；

5. 不喝陌生人給的飲料，不吃陌生人給的糖果；

6. 不與陌生人說話；

7. 遇到危險可以打破玻璃，破壞家具；

8. 遇到危險可以自己先跑；

9. 不保守壞人的秘密；

10. 壞人可以騙。

「如果我們無法改變外面的世界，我們還能怎麼保護孩子？」

· 安全教育的逆向思維方法

安全教育的逆向思維方法有如下四種。

1. 安全教育不光是父母保護孩子，也可以是孩子保護父母。

女兒不到 3 歲的時候，每次過馬路都要我拉得很緊甚至抱起來才能安靜地完成這項任務，有段時間我向她喊了很多次「stop」，她還在頭也不回地往馬路對面走，特別讓人害怕。後來，當我發現女兒喜歡幫助別人以後，我開始學會了「求助」。每次過馬路我都會說：「寶貝，你可以領着我過馬路嗎？」女兒就會拉緊我的手，還會告訴我：「媽媽現在是紅燈，你等下過馬路要左看看右看看，不能亂跑哦！」

2. 安全教育不是教出來的，是「玩」出來的。

刻意訓練也可以幫助孩子「演出」安全意識。我會和女兒玩「陌生人敲門」和「陌生人接放學」的角色扮演，比如門鈴響了她很想去開，我裝作洋娃娃或者小朋友的聲音說：「姐姐，有人在敲門，是誰呢？大人們都沒在家呢。」女兒看看我，然後大聲問：「你是誰呀？」對方如果是快遞員，她還會接着問：「是誰的快遞呀？」平時一起看講述安全意識的繪本，我會和她一邊看一邊「演」，讓她保護她的洋娃娃或者保護我。這樣的遊戲體驗，比和孩子進行「恐懼教育」及「不說話教育」要更有意義。

3. 孩子天生喜歡合作，多子女家庭可以通過一個孩子的成長來帶動其他子女成長。

我經常用各種各樣的遊戲和孩子互動，學會「示弱」，學會給孩子控制感和主動權，他們會更願意和我們合作。作為姐姐，女兒給弟弟們

做了最好的「同輩示範」。她甚至會在弟弟亂跑的時候說「stop!」看到危險馬上把弟弟抱到一邊。

4. 別忘了最重要的：外面的大人不會求助孩子，遇到不善者一定學會及時躲避和求助。

·巧問開放式問題，幫助更好地瞭解孩子

和小朋友交流還有幾個神奇「問題」：

1. 今天在幼兒園吃了甚麼好吃的食物？
2. 有甚麼好玩的遊戲或者兒歌？
3. 你最喜歡哪個小朋友或者老師？
4. 你為甚麼最喜歡某某老師，另外的某某老師好玩嗎？
5. 你喜歡她和你玩甚麼，不喜歡甚麼？

開放式的問答可以引導孩子關注積極的部分，同時幫助語言能力有限的孩子表達自己，也可以在回覆中根據孩子的情緒和內容反饋來捕捉孩子在社交中所經歷的事件。如果發現孩子身上確實有不尋常的情況，也需要繼續用輕鬆有趣的問題，借助繪本、卡通片、角色扮演等遊戲，讓孩子用更多語言及非語言形式展現自己的經歷和看法。

3.5
性教育，
勇於啟齒，
分齡攻略來幫忙

· 關於「性侵」，無論孩子還是家長，我們
　知道得太少

　　兒童性侵犯／性虐待（child sexual abuse，CSA）是指某些成人或者年紀較長的青少年對兒童實施的性刺激的行為，無論是得到對方同意還是強行要求。

其形式包括但不限於：

· 直接性交；

· 邊緣性行為（惡意觸摸兒童隱私部位）；

· 猥褻（將性器官暴露於兒童面前、面對兒童手淫）；

· 強迫兒童觀看色情場面；

· 利用兒童製造色情影片；

……

　　總之，所有將未成年人捲入性接觸（包括直接身體接觸和間接接觸性行為）以達到侵犯者性滿足的行為都屬性侵犯。

　　對未成年人的性侵犯是一個全球性問題。在美國，25% 的女孩和 17% 的男孩在 18 歲以前曾遭受過至少一次性侵犯。

　　據相關部門統計，中國兒童遭受性侵犯的情況是 16 歲以下兒童，每 5 個女孩中，就有 1 個曾遭到過至少一種形式的性侵犯，男孩遭受性侵犯的比例要稍低於女孩，但 10.5% 這個數字仍然是觸目驚心的。14% 的兒童表示遭到過嚴重的身體侵害。

·最熟悉的人恰恰是最不安全的

　　一組數據表明，90% 以上的兒童性侵者都是家人或熟人，且幾乎都是男性。30% 是孩子的親戚，他們可能是家庭中的男性長輩或年長的表兄弟；60% 是孩子熟悉的人，學校或幼兒園的老師、課外班老師、教練、保姆、其他孩子的家長等；只有 10% 是陌生人。

　　「熟人性侵」已經愈來愈多地被大眾所瞭解。但是，另一個事實還未被廣泛意識到，對兒童進行性侵的不一定是成年人，可能是某個稍年長的堂兄弟姐妹或者玩伴、高年級的同學等。

家長能夠做甚麼？正如清華大學心理學者李松蔚老師在某幼兒園所説：尊重、講述、整合、透明、勇氣、不遺忘。

作為弱勢群體中最容易受傷害的孩子，尤其對於年幼的女孩，不要將她單獨託付給除了直系親屬以外的任何男性。

公共場所也是兒童性侵犯高發地。很多家長覺得，性侵犯行為一般只會發生在人少偏僻的地方，在眾目睽睽的公共場所，壞人怎敢囂張？其實，從性侵犯未成年人案件來看，很多情況發生在有父母陪同的公共交通上、兒童遊樂場內、大型影劇院內。對於性侵犯者來說，愈是人多的公共場所，愈能滿足他尋求刺激的心理動因，所以，無論何時何地，作為未成年人的監護人都要提高警惕，不要讓年幼的孩子遠離自己的視線。

請無條件相信孩子、尊重孩子，捕捉孩子發出的信號。父母是最瞭解孩子的，如果孩子情緒或者神情有變化，一定要及時瞭解情況。很多女童被猥褻都是家長在給孩子洗澡的時候才發現痕跡。另外，孩子雖小，有時候卻能傳達想不到的情況。有一位爸爸向我諮詢，說到自己8歲的女兒放學回家總說路上有鬼（平時是兩個小女孩一起走回家），爸爸覺得很蹊蹺，孩子並沒有看甚麼恐怖故事，於是他在放學後暗中跟隨孩子。結果發現是一個陌生男人連日來在跟蹤兩個小女孩，立刻報了警。假如爸爸和孩子說：「你是不是想多了。」或者「小孩子哪知道甚麼鬼。」可能就會引起一場悲劇的發生。

男孩，也是犯罪目標。對於男孩，很多家長容易放鬆警惕，殊不知，一些罪惡之手專門尋找男性兒童，有的男孩受到性侵犯後，怕丟臉、怕被取笑始終隱瞞，對心理造成很大傷害，甚至這種影響會持續到成年後。所以男孩家長同樣要有防範意識和知識，一旦發現孩子遭到侵害，不論事出何因，都不要過於責備孩子，要多給予關心、陪伴和疏導。

不要吝嗇和孩子開口表達愛。不管孩子經歷了任何事情，哪怕平時對孩子批評責備，都一定多和孩子表達，不管發生甚麼事情，爸爸媽媽都愛你，所有的事情都可以和爸爸媽媽說。只有孩子無條件地信任父母，才會在被侵害的初始階段將情況及時告訴父母，避免更大程度的傷害。

·性教育，父母必須給孩子上的一堂課

性教育第一課應該在孩子 1~2 歲性別觀念剛剛萌發，開始對身體和性別差異有意識的時候進行。可以在洗澡或者換衣服的時候告訴孩子：小背心、小褲衩覆蓋到的地方，堅決不允許別人觸碰，觸碰別人的這些地方也是不可以的。每個人的身體只要自己不願意，都不可以被別的人觸碰。即使是父母，觸碰寶寶的身體也需要寶寶允許。隨時可以和別人說「不」，你的身體你有說「不」的權利。

有時候父母覺得難以啟齒，又擔心尺度拿捏不好，這個時候就需要借助合適的工具。適合的性教育繪本、性教育卡通片等。最重要的是不要迴避孩子提出的關於性的任何問題。根據孩子的年齡段，用淺顯易懂的語言客觀描述，父母愈遮遮掩掩，孩子愈容易覺得性是羞恥的，遇到危急情況不敢和父母表達。

· 不同年齡段性教育，有不同的要點

朦朧期 1~2 歲

典型特徵：萌發性別意識

1~2 歲的孩子就會注意到男、女身體上的區別。2~3 歲語言飛速發展期的孩子會提出一些令成人十分尷尬的問題，諸如「弟弟為甚麼有『小雞雞』?」、「我從哪裏生出來的?」這個時期隨着如廁訓練的開展，孩子也會發現男女排便方式和性別上的差異。

教育重點：慢慢幫助孩子認識男女之間的區別，告訴孩子身體是屬自己的，如果有人隨便觸摸你身體的任何部位，使你感到害怕、奇怪或者不舒服，你一定要告訴爸爸媽媽。

性蕾期 2~4 歲

典型特徵：發現性別區分

這一時期的性教育是今後性成熟的基礎。不少孩子在 2 歲左右開始玩弄自己的生殖器，這是他們的一種性遊戲。遇到這樣的情況，父母千萬不要苛責孩子。引導孩子以正確的方式對待自己的私處，比較好的方式就是給孩子穿封襠褲，每天給他安排豐富多彩的活動，以便轉移他的注意力。

教育重點：父母可以在日常生活中選擇適當的時機讓孩子明白，身體的哪些部位不宜暴露；哪些事不適合當眾做，但可以在衛生間或自己的臥室做；有些事情男、女要分開做等。

依戀期：4~6歲

典型特徵：開始產生「戀父」或「戀母」情節

這個時期的孩子開始「他戀」，第一個目標是他的異性親長，又名戀母（父）情結。溫馨快樂的家庭會對孩子產生深遠的影響，當好孩子的性楷模十分重要。

教育重點：父母盡量處理好家庭關係，異性父母和孩子相處須注意分寸。即使是父母，也需要在孩子允許的情況下才可以觸碰孩子。當孩子不想被別人接觸身體時，可以明確告訴他人。告訴孩子如果某人觸摸你的身體後讓你迷惑不解或讓你保守秘密，一定要告訴家長。

潛隱期：6~12歲

典型特徵：假同性戀現象

這個階段的兒童性心理比較平靜，男孩喜歡與男孩為伴，從事某些比較劇烈與冒險的遊戲，而女孩則喜歡與其他女孩一起從事跳舞、跳橡皮筋等溫和的遊戲。

教育重點：不避諱任何性問題，沒人可隨意觸摸自己的隱私部位。有被冒犯或者不舒服的情況，要告訴父母、老師等其他成年人。

青春期：12~18歲

此時的重點更多的是在性安全和性衛生方面，父母不能直接禁止孩子對性行為的好奇心，讓孩子通過正常渠道去瞭解性知識，正確看待男女差異和性關係。

新聞的熱度可能只持續幾天，但對未成年人，甚至對成年人的性侵犯事件卻每時每刻都會發生。

「這世界最大的悲劇不是壞人的逍遙而是好人的過度沉默。」現實中，確實有許多悲劇是因為集體的沉默給受害者帶來更大的傷痛。有勇敢的大人，才能有勇敢的孩子。別只滿足於「口水戰」和「鍵盤俠」，我們以「建設性」的方法參與到孩子的教育中，重新找回第一責任人的話語權和責任感。孩子的未來，在我們手中。

中國的傳統文化很避諱直接談「性」，性是如此的晦澀、隱蔽、羞恥，以至於我們都覺得它是上不得枱面的。為人父母即使覺得該對孩子進行性教育也是避而不談，能躲則躲，甚至推給了學校和老師。

但在兒童性教育方面，父母是老師，家庭是課堂。愈是三緘其口、閃爍其詞，愈容易讓孩子對這個話題有偏激的看法。最可怕的是：你不敢説的，總有壞人用可怕的方式讓孩子知道。性教育，不僅一定要談，更要會談。

3.6
死亡教育，
和失去的
好好告別

・談死亡，比死亡本身更讓人哀傷

我們該如何和孩子談死亡？

說他出門遠行了？

對孩子而言，面對沒有說再見、沒有「告別儀式」就離去的親人，孩子不知道他何時遠去，為何遠行，何時回來，是否回來……對孩子安全感和信任感的衝擊不亞於說「我不要你了」。

說他去了天堂？

對孩子而言，天堂是痛苦的還是快樂的？生命的終極是飛天還是成仙？如果死亡如此美好，為甚麼我們還要在人世間經歷現實的苦難和情感煎熬？這樣閃爍其詞，無疑讓孩子對死亡既困惑又恐懼。反而有可能引發進一步的創傷或者應激障礙。

說他睡着了？

對孩子而言，為甚麼睡着了就不再醒來？我睡着了還會醒來嗎？爸爸媽媽睡着了會不會也不醒來了？諸如種種，孩子對於真相的懷疑、猜測、害怕、驚恐都會成為心靈世界的一個炸彈。

在給孩子人生的「烏托邦」與現實之間，在理想國與一切都會終結的慘淡之間，我們如何告訴孩子：**生死之間，世界究竟是甚麼樣子？**

·生死，是人生的必修課

在我們所接受的教育中，一直缺席「死亡」這一課。死亡似乎是極其不吉利的，不能直接說「死」，要說「沒了」或者「逝世」，皇帝是「薨」、「駕崩」……連過年過節都有這樣那樣的忌諱避免觸及「死亡」字眼。好事成雙，三五成群，就是不能「不三不四」，「四」同「死」，我們會刻意避免這樣的數字，這些都在潛意識中告訴我們「死亡」太可怕了，諧音都不要有。

對比一些有信仰地區對於死亡的哀悼與憧憬，「好好告別」在我們的文化裏顯得份外不被重視。某些國家對於幼兒園小朋友開設有「死亡課程」，而中國的高校 2012 年開始才有「生死課」。

前段時間朋友推薦給我的丹麥繪本《爺爺變成了幽靈》把我看哭了。講的是一位爺爺突發心臟病，死後變成了幽靈，在夜晚來到孫子房間，小艾斯本見到爺爺後非常驚喜，每天晚上都和爺爺玩耍，但是爺爺很不開心，他說自己「忘了做一件事」……他們回憶了半天，最後爺爺

說：「我忘記和你說再見了！」。「再見──」故事中的一老一小都哭了，我也留下了眼淚。

對於孩子來說，只有身邊的親人離去了，父母才驚恐該如何才能面對孩子的疑惑。那個活生生陪在自己身邊的人，突然就再也不見了，小孩子如何理解，如何接受生命這麼複雜的經歷？

知名主持人白岩松說：「中國人討論死亡的時候簡直就是小學生，因為中國從來沒有真正的死亡教育。」

法國哲學家冉克雷維說：「提早認識死亡才會深刻人生。」

法國思想家蒙田說：「預先考慮死亡就是預先考慮自由。」

西班牙哲學家薩瓦特爾說：「認識死亡，才能更好地認識生命。」

・死亡讓我們分離，愛讓我們永生

墨西哥著名作家、諾貝爾文學獎獲得者奧克塔維奧・帕斯曾說：「死亡其實是生命的回照。如果死得毫無意義，那麼，其生必定也是如此。」、「死亡才顯示出生命的最高意義；是生的反面，也是生的補充。」

電影《玩轉極樂園》中講到墨西哥一年一度的亡靈節，傳說中這一天，是去世先祖們從另外一個世界來到人類世界，與自己子孫後輩「團聚」的一天。特別之處在於，因為有了「記憶」，這一天並不像別的國家的「鬼節」一般悲傷，反而因為連接和溫情顯得更加歡樂。

人有三次死亡，第一次是生物學上的死亡；第二次是在葬禮上，社會宣佈你死亡；第三次就是最後一個記得你的人離開這世界。「如果電影裏的故事是真的，那麼我們對逝去親友的思念也就有了意義。」

這也是《玩轉極樂園》體現出來的三種死亡形態：

1. 肉體的死亡，死亡的常態。

2. 被懷念的死亡，依舊被銘記，所以在精神和靈魂上還以某種情感形式存在。

3. 終極的死亡，肉體已逝，無人銘記，世上再無任何可見可循的痕跡，真正的消逝。

從這個角度來說，死亡教育並不只是給孩子的，也是給每一個沒有機會好好告別的大人的。

·死亡教育，也有分齡攻略

匈牙利心理學家瑪利亞·耐基早在 1948 年就研究了如何對孩子進行「死亡教育」，經研究發現不同年齡階段的孩子認知程度不一，應該根據孩子的理解能力和發展階段，有差異地談論死亡。

朦朧期：0~4 歲

0~4 歲年齡的孩子對「死亡」沒有概念，更多的是面對「分離焦慮」等物理空間上的分離而產生的情緒反應。也很少主動提出對於死亡的疑

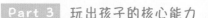

問。孩子無法區分死亡和分離的概念,因此這個階段不應該主動和孩子聊起「死亡」的話題。孩子的心理成熟度是一個發展的過程,這個時候與孩子談起死亡,反而會適得其反,更多的關注點應該是給孩子創造一個安全的環境,幫助孩子建立安全感。

如果這個年齡段的孩子問到關於死亡的問題,**父母可以用比喻、擬人的方式跟孩子解釋死亡,或者用繪本、動畫、故事裏的分離場景來幫助孩子理解**,比如「老爺爺死了,就是永遠離開了。」、「小兔子死了,它睡着了要做一個很長的夢……」

感受期:5~9 歲

學齡期的孩子,並沒有真正理解死亡的含義,但出於好奇或者別的原因,經常會問及與死亡相關的問題。面對這類問題家長不應該恐慌,**更不能嚇唬孩子,應該坦然回答不躲閃**,因為家長坦然的態度會讓孩子認為死亡是一件正常不過的事情,如果家長對這個話題非常敏感、忌諱或禁止談論時,就有可能把死亡這個概念和可怕的東西聯繫起來,進而使孩子產生恐懼。

發展成熟期:10~18 歲

10~18 歲階段的孩子隨着邏輯思維和認知能力的飛速發展,逐漸對死亡有了成熟的認識,意識到死亡是不可避免的,不可逆的,更是永久性的。這時家長不應該通過編造的童話故事去欺騙孩子,而應理性地告訴孩子死亡是每一個人都要經歷的事情,每個人的生命都是有限的,應該熱愛生命,珍惜生命。**將孩子對死亡的恐懼引申到對「意義」和「價值感」的追求之上。**

如果性教育的意義是自我保護和自我價值，那麼死亡教育就是自我覺察和自我重塑。

性教育是階段性的，死亡教育是終身的。因為生死本身，就最值得思考。

有原始的恐懼和衝動，所以有所敬畏更有所追求。每一次對死亡的思考，都是對生活本身的反思。因為生命的有限，故有所為而有所不為，因為夢想的可貴，故有所愛而有所不愛。死亡本身，就是去偽存真。

死亡不是終結，遺忘才是。

只要還有愛，就沒有遺憾。

3.7
霸凌教育，
不欺負人
也不被欺負

　　經常有父母遇到孩子和其他小朋友在社交中出現衝突、暴力，甚至霸凌的情況。2017 年席捲新聞界的名校霸凌事件讓很多人第一次知道了有一種社交暴力叫「霸凌」。「霸凌」是音譯英文「bully」一詞，「bully」指恃強欺弱者、惡霸。霸凌是一種有意圖的攻擊性行為，通常會發生在力量（生理力量、社交力量等）不對稱的學生間。被大多數人接受霸凌的定義是挪威學者 Dan Olweus 提出的「一個學生長時間並重複地暴露於一個或多個學生主導的負面行為之下」。對於父母來講，孩子可能上學之後都會遇到社交中的此類問題，我們當然希望孩子永遠不要陷入這樣的境地，如何才能不被欺負，也不去欺負別人呢？

　　在很多繪本、卡通片裏面都有一些主人公被霸凌的故事，比如《別欺負我》中，吉姆小朋友被高年級的孩子霸凌了，很難過，但她在老師、朋友們的幫助下一起想辦法解決了這個問題。在給孩子們讀這本書的時候，可以用我們的「玩繪本」或「玩動畫」的方式討論一下──主角遇到了甚麼事？甚麼叫作霸凌？霸凌的受害者是誰？受害者心裏甚麼感覺？旁觀者又是甚麼意思？**最重要的是和孩子討論當自己或別人被霸凌時的感受，並且思考解決辦法。**提醒你的孩子，霸凌不僅意味着侮辱或傷害別人，也包括不允許某些人加入遊戲或是小組活動、嘲笑別人、說刻薄的話、威脅、性侵害、強行身體接觸、推撞，甚至搶走別人的東西，這些都屬霸凌行為範疇。

父母作為孩子成長中的第一責任人，不僅肩負着監護職責，還承擔着教育的重任。在解決霸凌問題時，最重要的任務是幫助孩子建立同理心，教會孩子尊重、包容和接納。一方面提高孩子的自我保護和自我約束意識，另一方面讓孩子學會正確的社交規範，鍛煉孩子解決問題的能力。

父母和孩子可以如此約定：

- 我的嘴巴，是用來微笑和說話的。
- 我的雙手，是用來握手和擁抱的。
- 我的語言，是用來表達和溝通的。
- 我的行動，是用來解決問題和幫助別人的。
- 我的朋友，是用來互相關心和互相幫助的。
- 我不會傷害別人。

如果自己或者別人受到了任何欺凌：

- 我會及時說「不」。
- 我會像獅子、野狼、猛獸一般用犀利的眼神盯着對方。
- 我會突然大叫，給對方威懾。
- 我會把冒犯我的人當成空氣，對他不屑一顧。
- 我會大聲求助。
- 我會迅速離開。
- 我會告訴父母或者老師。

- 我會去尋求幫助。
- 我會唱令人振奮的歌、跳令人振奮的舞蹈,將憤怒吼出來。
- 我不會支持欺凌弱小的人。
- 我會學着接受別人本來的樣子。
- 我會努力善待他人。
- 我會記得自己的優點,並且相信自己是可愛的。

告訴孩子,如果你遭到了霸凌,請記住:

1. 這不是你的錯!沒有人應該被霸凌。

2. 不要露出害怕和退縮的神情。要昂首挺胸地大步走開,或者大聲斥責威懾對方。

3. 及時尋求幫助!不要害怕老師、家長或者別的成人會不相信你,一直訴說和求助,直到有人相信你,並願意出手相助。

4. 不要輕易以暴制暴。暴力永遠不是制止暴力的方法。

5. 制定一個問題解決前的替代計劃,保證自己的安全。比如短期內換一條路回家。

6. 你是可愛的。家人和朋友永遠愛你、相信你,並且願意和你一起解決問題。

7. 你有很多優點,參與一些能讓自己振奮起來的活動。比如唱歌、跳舞、畫畫、做遊戲。

如果你目睹了霸凌，請記住：

1. 換位思考。很多被霸凌者或許有一些獨特的外表或者著裝，看起來與大多數人不同，學着接納每個人本來的樣子。

2. 說出真相不代表背叛。背叛的告密者是為了陷害別人，而說出真相是為了幫助別人以及解決問題。

3. 及時求助。當看到有人正在霸凌別人，及時告訴你周圍有能力解決問題的成年人，包括老師、家長等你可以信賴的人。訴說真相，直到有人採取行動。

4. 做一個積極的旁觀者，而不是消極的參與者。不要附和或者參與霸凌行為，更不能鼓勵和贊同這種事情。

5. 霸凌者很可能也需要幫助。有一些霸凌者可能自己遭遇了暴力或者極端事件，自身也有一些問題，雖然這不是任何人傷害別人的理由，但是也要站在受害者和迫害者兩個角度看待問題。

6. 加入身邊的反霸凌組織。如果你周圍的學校和社區有這樣的機構，參與進來，用自己的力量為反霸凌行動做貢獻。如果沒有，可以協助成立這樣的組織。

7. 如果你幫助受害者尋求幫助了，但還是沒能幫助到受害者，那不是你的錯。

8. 任何時候，任何原因，不要傷害別人。

Part 4
玩出和諧家庭關係

4.1
家庭衝突
是最好的「情商實戰課」

　　都說家是講愛的地方，在有了孩子以後的歲月裏，我們發現家裏不僅伴隨溫情，更多時候還有衝突和矛盾。婆媳、夫妻、手足，有關係的地方總是伴隨着各種糾葛。剪不斷，理還亂。

　　在這樣複雜的家庭關係中，如何給孩子一個和諧的成長環境，顯得更為重要。

　　當媽媽們聚集在一起的地方，有兩個話題經常會討論到。一個是奶奶，一個是老公，而且，往往每一個婆媳關係緊張的家庭裏，都有一對戰火紛飛的怨恨夫妻。如果說家庭中的衝突無法避免，怎麼樣實現「逆襲」，把火星撞地球般的矛盾溝通變成孩子「情商學習」的黃金機會？

4.2
婆媳矛盾，
真的是無法破解的迷局嗎

　　中國式家庭關係親密溫暖，但也缺乏了界限與獨立。有些是文化和社會因素，有些是經濟和現實因素，加上隔代育兒在中國的普遍性，婆媳溝通的難題就會愈演愈烈。只要兩代人在一起，必然會有生活方式、思維理念、角色立場的差異。有人這麼比喻，一對夫妻躺在床上，其實躺着六個人。每個人，都或多或少沿襲了原生家庭處理情緒、面對衝突的方式。

　　對於媽媽這個角色而言，婆媳的格局也經歷了社會的變遷。舊時代是三年媳婦熬成婆，媳婦只能順從，婆媳之間的格局模式單一。新時代的媳婦是鋼筋混泥土，家庭事業兩頭挑，自然也在家庭中需要更多平等的話語權。所以年輕媽媽和奶奶之間的溝通更加開放、平等，更敢於表

露自我。過去是「三年媳婦熬成婆」，現在是「十八能媳婦單挑」，矛盾和分歧自然也隨着時代的變遷而集中暴露。

很多人總說「婆媳矛盾」，但是婆媳矛盾根本上不是奶奶和媳婦的矛盾，是奶奶、兒子、媳婦三個人之間的關係。男性是中堅力量，不是邊緣角色。婆媳問題的本質是原生家庭和新生家庭的對話。分離得好，相互獨立彼此依存，分離得不好，相互制約彼此衝突。

有人抱怨，婆媳之間容易天然有敵對感。其實是因為原生家庭的親子關係超越了夫妻關係，奶奶在過去的家庭生活中將情感和精力過多地依附在兒子身上。「我不離婚都是為了你」、「媽除了你甚麼都沒有」……這樣的「專屬感」和母子間過度的依戀關係會導致強烈的依賴、無法獨立、無法分離。兒子成為母親的「精神伴侶」和情感寄託，媳婦很容易成為母子二元關係中的假想敵和入侵者。

很多有強烈控制欲的奶奶，本身也是有分離不夠、缺乏邊界的問題。對於年輕媽媽來說，首要的功課就是學會善意感激、委婉拒絕，讓夫妻新生家庭的主角地位重新確立。

讓人心生厭惡的「巨嬰男」，表面上看是成年後戀母情結嚴重，本質是母子分離不夠。一個不願放手，一個不願獨立。很多慣性應酬和晚歸的「加班男」樂得把瑣事都留給媽媽和媳婦，甚至逃避本該自己面對的戰場，推卸自己成長的任務。

解決婆媳矛盾的答案，在新生家庭裏。一旦原生家庭的媽媽意識到自己的兒子不只是自己一個人的兒子，而是兒子新生家庭的男主人、丈夫、父親，那麼自然能夠接納兒子的獨立，也會試着去理解和接納新生家庭小夫妻的個性與差異。

·婆媳關係遇到隔代育兒矛盾，該如何面對

隔代育兒，是當下中國家庭普遍要面對的一個問題。一方面從經濟角度、安全角度考量，奶奶和親媽是年輕夫妻育兒的得力助手，另一方面，**隔代育兒對孩子的情緒發展也有積極的影響**。大多數時候，接觸多種類型的撫養者給孩子提供了相對多元的社交環境和豐富的刺激，孩子也可以和多個撫養者建立多重依戀關係，積累更豐富的情緒經驗。隔代照顧者對於孩子照顧的時間、耐心、愛心的投入也佔有很大優勢，為孩子提供有力的情感支持。但是不能用隔代關係代替親子關係，隔代只是幫手，不是主角。

當婆媳矛盾延伸到隔代育兒的時候，就像戰火從一個戰場蔓延到另一個戰場，哪裏都是衝突。該怎麼協調和處理呢？

首先，建立育兒統一戰線，抓大放小，非原則性問題求同存異。不苛求完全意義上的一致性，只有適合孩子的養育，沒有絕對完美的撫養方式。不大撒手，不做「留守媽媽」，保持育兒中的付出度和責任感。比如有的人覺得必須親密育兒，孩子必須堅持吃母乳到 2 歲以上，有的人奉行獨立育兒，剛出生最好就分床睡。老一輩人的有些觀念確實與我們大不相同，具體來講，孩子多吃一口鹽、少穿一片紙尿褲、多抱幾分鐘真的都是不可妥協的原則問題嗎？把孩子放在家庭這個環境中來看，讓科學為家庭服務，而不是被科學綁架了家庭關係。

其次，媽媽也需要通過有效的成長來增加話語權。① 注重理論的學習和個人成長，遇到育兒問題心中有數。② 給孩子更多高質量的陪伴，建立安全的依戀關係。③ 從「育兒新手」變成「達人媽媽」，做隔代育兒中的主角和主教練。④ 永遠做孩子成長的第一責任人。

再者，夫妻關係需要高於親子關係，建立或者重新明確家庭秩序，才能從根本上解決隔代矛盾。奶奶一定不是媽，沒有義務，但多了責任。婆媳之間是沒有血緣關係的親人，因為婚姻而形成的親情。注重這個界限感，會更加感激、珍惜，而不是理所當然或者橫加指責。

還有，避免踩坑。有些禁忌也是溝通中需要避免的。最重要的是不當着孩子的面攻擊對方，孩子最親的人之間的相互衝突容易破壞孩子的安全感，阻礙孩子的心理發展。讓孩子看到最愛的人之間的撕扯、攻擊、謾罵，才是得不償失。切忌得了便宜還賣乖。自己無法獨立，一邊心安理得地「啃老」，一邊孜孜不倦地給長輩差評。

最後的終極方案，只有包容或者躲了。在諮詢中我會遇到一些極端的案例，遇到「奇葩」奶奶，媽媽自覺完全無法溝通，而且極大影響了自己的育兒、心理狀態和夫妻感情。殺手鐧是──躲。如果新生家庭確實離不開老人的額外幫忙，多關注積極的部分，消極的部分接納並包容。如果無法對話，自己扛起新生家庭的責任，遠離奶奶。

〰〰〰〰〰〰〰〰〰〰〰〰〰〰〰〰〰〰〰〰〰〰〰〰〰〰〰〰〰〰

奶奶不是生母，是沒有血緣關係的親人，奶奶幫忙不是義務，是情分。所以更需要心存感激，不管是丈夫的成長還是新生家庭的發展都離不開上一輩的經營。求同存異，多和老人溝通，不管是發自內心的讚美還是禮物都是給和諧家庭關係添磚加瓦。發自內心地看到老人「愛的本質」和「愛的差異」，動用丈夫這個積極的資源，讓新生家庭與原生家庭在分離中走向互助。

隔代育兒，如果能讓孩子真實地感受到，儘管爸爸媽媽和爺爺嫲嫲如此的不同，但是她們都愛我，而且都在用自己的方式愛我。那麼這樣的差異和不同，就是有價值的，能夠讓孩子獲得更豐富的情緒經驗。

4.3
夫妻矛盾，
是訓練孩子情商
的重要一課

　　隔代育兒和夫妻育兒衝突的本質原因都可以歸於一點——當親子關係高於夫妻關係，就會出現錯位和矛盾。

　　最理想的家庭是爸爸媽媽相愛，然後一起愛孩子。

　　作為最複雜的親密關係，夫妻關係是熟人社交關係中最讓人頭疼的。因為生活習慣差異、思維方式、文化習俗、財務因素、隔代關係、育兒觀念不一致、夫妻生活不和諧等各種理由都會成為夫妻關係危機的導火線。而育兒，就是已育夫妻矛盾的主戰場，夫妻因育兒問題吵架的根本原因是夫妻關係緊張，因觀念不合和情緒不和導致的矛盾大爆發。

令很多媽媽心寒的喪偶式育兒，往往都是媽媽做多、管多、批評多，爸爸做少、陪少、成就少。然而一邊責備對方，一邊用彼此的衝突來懲罰自己的孩子，其實是對孩子更大的傷害。

·父母吵架是怎麼傷害到孩子的

心理學、醫學、腦科學等研究發現，父母激烈爭吵對孩子的健康情況影響深遠。諸如大腦發育、心理健康、情緒問題、行為問題，甚至生長發育問題、體弱多病和青春期問題都是父母吵架甚至家庭關係緊張對孩子產生了不可忽視的副作用。

父母激烈爭吵容易讓孩子產生消極的感受。① 父母吵架是因為我，引發錯誤歸因。② 最親近的人激烈衝突，失去安全感和穩定感，不知所措。③ 情緒上的連鎖反應就像「踢貓效應」一般，負面情緒被持續傳染、醞釀、升級，強烈的負面情緒又會引發應激反應，繼而引發心理和行為問題。

父母爭吵時候的暴力行為比語言衝突更傷害孩子。首先是情緒經驗的消極學習，孩子成長的主要方式是模仿，暴力行為特別容易被孩子習得，即使在無意識狀態下孩子也容易採取自己熟悉的方式來處理問題。其次，父母的暴力示範，會讓孩子認為處理衝突和問題的方式就是暴力。再次，創傷的代際傳遞，孩子因為習慣了父母的暴力，日後容易在親密關係和社交中變成施暴者或者受暴者；不容忽視的是，孩子當時的情緒波動和情緒垃圾也會慢慢積累。

作為從像連體嬰一般相愛，走到衝突不斷的獨立個體，再到彼此尊重和諧相處的夫妻。兩個人從 1+1=1 發展到 1+1=0 再到 1+1>2，每一步都伴隨着彼此差異的磨合和衝突。有一些溝通中的陷阱，特別容易招致激烈的爭吵和對抗（親子關係中也同樣適用）。

1. 責備和問罪

2. 謾罵

3. 威脅

4. 命令

5. 說教

6. 警告

7. 控訴

8. 比較

9. 諷刺挖苦

10. 預言

　　這些陷阱翻譯過來就是「我是對的」、「我付出的更多」、「我是為你好」，本質都是控制。

·孩子害怕的不是父母吵架，而是父母不會 好好吵架

瞭解了吵架對孩子的傷害，很多人會問，是不是父母一定不能當着孩子的面爭吵？也不絕對。如果父母以「非暴力溝通」表述自己的需求、感受和想法，並且積極尋求問題的解決方法，反而是對孩子很好的情緒訓練。但是盡量守住底線，不對彼此進行人身攻擊。父母是孩子最親近的人，太過激的言行容易影響孩子的安全感和自我評價。對於孩子而言，沒有甚麼比「我最信任的人是個混蛋、壞人」更具破壞性的了。

總的來看，父母不吵架分兩種，一種是所有情緒和感受得到了充分表達和合理溝通，不需要吵架。另一種是為了不吵架而不吵架。第一種是真和諧，第二種是假和諧。真和諧的父母一定是很好的情商教練，假和諧的父母反而無法真實表達自己，為了孩子而壓抑自己的真實需求，情緒不是流動的，孩子只能看到彼此的妥協，而看不到衝突化解和問題解決的過程，缺乏真實的「衝突案例研究機會」。孩子長大以後，在社交中也不一定會很好地表達自己，應對衝突。不吵架，不代表真和諧。

小吵怡情，大吵傷心。爸爸媽媽怎麼爭吵才能不傷感情、不傷孩子？非暴力溝通示範給了絕佳的對話技巧。首先需要先處理心情，再處理事情，自己先要有意識地處理好不愉快的情緒，而不是任由負面情緒蔓延給家人。因為我們在強烈的情緒面前，都容易進入應激狀態，有一些非常態的言行。其次，對事不對人，善用 「我式」溝通法，說自己的感受而不是抱怨。再者，夫妻也需要共情，換位思考，想想對方的需求和感受。冷靜下來後，努力尋求解決辦法。

我個人的體會是吵架很容易愈吵愈兇，深呼吸，暫停幾分鐘都是讓情緒降溫很好的緩衝辦法。每對夫妻溝通模式不同，有人習慣熱吵，有人喜歡冷戰，都不能太過度，有個時間差讓情緒平緩一下，過後一定要

好好溝通，交流彼此的想法、需求，找到解決問題的方法。當然，關係就像雙人舞，每個家庭都有自己處理問題的獨特模式，然而都離不開真實的表達和彼此的和解。

‧父母失控後，重建比迴避更重要

父母吵架失控後，最重點的工作是讓孩子看到父母和好的過程。

真誠地告訴孩子，爸爸媽媽確實處理欠妥。首先，向孩子解釋人與人之間是有差異有衝突的，父母只是在某些事件上有分歧。其次，坦言這次爭吵是父母的事，與你無關，並不是因你而起。最重要的是告訴孩子，爸爸媽媽不管發生甚麼事都愛你。最後別忘了在戰火消散後，告訴孩子我們已經和好了，下次遇到分歧我們也會妥善處理。

如果孩子在父母爭執後已經有強烈的情緒問題，甚至異常行為，有攻擊性，可以通過安全的攻擊性遊戲幫助孩子宣洩情緒，比如打枕頭或者我們前文提到的高強度遊戲。還可以通過角色扮演遊戲，讓孩子重演現場，比如孩子當爸爸，玩具做媽媽，讓孩子可以理解真實的衝突和情緒。當然，通過講繪本、玩畫畫、玩音樂等表達方式也都可以幫助孩子梳理和宣洩自己的情緒感受。

在一段完美爭吵（衝突→和解→重建→修復）中，父母真實呈現了自己在親密關係、社會交往中的衝突與矛盾，孩子可以從第三者的角度看待父母是如何在衝突中走向合作的。情緒的爆發、感受的表達、情緒的描述處理與控制、問題的溝通與解決……可以說是最好的實戰案例分析。尤其是父母通過對立走向和解的過程，讓孩子也獲得了這樣的情緒經驗。

我們普遍認為**父母的吵架模式會複製給孩子**。兒童成長最重要的方式之一是模仿，情緒經驗的傳遞就是孩子安全感、信任感、情緒管理能力、社交能力的全面學習。但是，不一定父母吵架對孩子的影響就是不可逆轉的。在一段「完美爭吵」或者非暴力溝通模式中，孩子是在積極地進行社會情緒學習和問題解決。在負性溝通模式中，父母吵架，孩子很容易因模仿和情緒經驗的習得而轉為消極複製，但是也有可能批判性地繼承父母的經驗，隨着成長的歷程，孩子也有主動思考和自我修復的能力。

　　天下沒有無分歧的家庭，夫妻爭吵對於孩子而言，是一種真實而又強烈的「非常體驗」。好好說話，好好吵架，好好重建，在真實流動的情緒中，給孩子穩定和諧的成長環境。

4.4
手足相爭，
玩耍中建立規則

　　不論我們願不願意承認，多子女家庭的手足間爭寵是必然的。這是一個世界性的難題。在父母的精力、時間、資源一定的情況下，爭奪是動物的求生本能。手足相爭還是一個深刻的人類歷史遺留問題。比如舜和象兄弟相爭、唐太宗的玄武門事變弒兄等，可以說中華上下五千年，也是手足相爭的五千年，希臘神話和《聖經》中也都有着相似的故事。

·大打出手，親手足為何真動手

　　除了有些家長的暴力行為會被孩子模仿學習，甚至當作解決問題的方法習得之外，更多時候，手足的「作案動機」大致有這 5 種類型：

❶ **失控作案。**年齡小的孩子還不懂得如何控制好自己的肢體，隨着大動作和精細動作能力的發展，總會不停地通過嘴和手的活動來拓展自己的活動空間，探索世界。孩子很難理解「撫摸」、「接觸」、「握手」、「擁抱」、「打人」、「拍拍」等不同接觸類型和肢體力度的區別。很有可能只是想摸摸兄弟姐妹，或者想與別人建立聯繫，但是控制不好自己的力量。

❷ **關注動機。**行為心理學家發現，小孩子大概每 20 秒就需要大人關注一次，是不是很誇張？雖然大人不會這麼「黏人」，但是假如我們的丈夫很久都不聯繫我們，我們或許就知道這意味着發生了甚麼事，如果是老闆不理我們甚至連批評都不發表了，那就……小孩子更是如此，**正向關注或者反相批評都是「關注」。對他們而言，父母的批評都好過忽視。**「寶寶永遠要親親、要抱抱、要舉高高」，所以打兄弟姐妹一下，讓大人來關注我。在社交中也是同理，很多學齡期的問題孩子看似叛逆、總是欺負小朋友，其實也是渴望老師和同學對他的關注，畢竟比你們喜歡我更重要的是——你們在意我。

❸ **玩耍動機。**孩子把和他人的肢體衝突當作了好玩的遊戲，比如我碰一下媽媽，媽媽居然還說我「淘氣包」，好像很好玩的樣子，再來一次吧！和兄弟姐妹的衝突也是如此，儘管對方的情緒反應沒有被及時捕捉到，但是安全範圍內一個願打一個願挨的遊戲模式具有社交意義，對孩子而言也是妙趣橫生的。

❹ **練習動機。**手足之間的打鬧，就像動物世界裏動物幼崽們的嬉戲玩耍一樣，很可能是在強身健體、互動練習、增強技能。科學家們發現，這種練習性的攻擊遊戲不管雙方年齡和力量有懸殊，孩子在大多數時候都能恰到好處地控制自己的攻擊力度。

❺ **情緒動機**。當孩子語言表達能力有限，即使是上了幼兒園的孩子也不見得可以很清晰地說出自己的想法。比如「媽媽沒給我糖吃，我太生氣了，拍她一下讓她知道我的感受」，於是就把肢體當作了自己語言的延伸，大打出手。試想一下，成年人在被情緒勒索的時候還會面部緊繃、肌肉緊張、渾身進入「戰鬥模式」。何況孩子面對每天和自己分享父母之愛、爭搶有限資源的兄弟姐妹，誰還沒有過幾次暴力「衝動犯罪」行為呢？

·讓手足的拳頭，打在愛的棉花糖上

父母當然希望無論何時，自己的孩子們都能手足相親。然而確實時間和精力太有限，再怎麼一碗水端平，孩子們還是容易相互產生爭執。對於低齡的孩子，多讓他做一些運動和遊戲，讓孩子手腳充分探索，也可以減少在兄弟姐妹身上「做文章」。可以讓孩子感受一下不同的肢體力度帶來的感受，告訴孩子「某某很疼，不舒服，你可以抱抱他」，讓孩子知道如何用好四肢。

美國幼兒園有一套關於「手是用來抓東西和握手的，嘴巴是用來吃飯和說話的，腳是用來走路和蹦跳的。」的標準語術來幫助孩子們理解自己的肢體和使用方法，引導孩子的積極行為。對於多子女家庭的手足衝突很有借鑒意義。但是更多的時候，手足之間是因為「情緒化」而展現出攻擊性，這個時候就需要見招拆招了。

說出來，鼓勵孩子們用語言描述自己的情緒。通過情緒管理的實際方法，幫助孩子面對自己的真實感受，比如「我生氣了，我要哥哥手裏的糖……」。或者告訴孩子「媽媽看到你好像有點難過，希望我幫你做點甚麼？」如果實在無法滿足孩子，也可以說「我知道你很想……但是媽媽真的沒有辦法做到。」

玩出來，和孩子玩遊戲，幫助釋放情緒。比如通過攻擊性的遊戲「打枕頭」和「推積木」，使孩子可以釋放很多負面情緒。我的三個孩子特別喜歡一起跳格子、打梳化、假裝快要打到對方，笑聲中身體分泌了大量的多巴胺，手足之間的攻擊性行為自然迅速減少。

比出來，用形象的話語來幫助孩子描述情緒。父母可以在生氣的時候對孩子說「我現在要爆炸了」，或者告訴孩子我像哪個小動物一樣生氣等方式讓孩子理解父母的情緒，這樣孩子也可以知道「情緒波動」是可以描述和表達的。

情緒是孩子成長過程中的主要問題。接納孩子的感受，但是可以告訴孩子這種行為是不妥當的，然後幫助孩子找到替代方案。「用嘴巴告訴弟弟你的感受，而不是拳頭」是更有效的方法。

當了媽媽才知道，童話裏都是騙人的，面對手足之間的「問題行為」，我們很容易下意識地認為孩子有暴力傾向，或者擔心他們長大後感情問題處理不好，甚至發展成為可怕的問題行為。然而恰恰很多行為是階段性的或者是有緣由可找尋的。

・手足相爭，比救火更重要的是對症下藥

雖然不能完全杜絕手足衝突，但是做好以下幾項工作可以減少孩子之間 80% 以上的「戰火」。

1. 首先默念十遍：多子女家庭最重要的原則是——讓每個孩子都覺得你最愛他。

不是說你要貶低哪一個孩子來取悅另一個孩子，而是讓每個孩子都覺得自己獨一無二，被父母用最特別的方式愛着。只要讓每個孩子都感受到他是足夠被愛的，根本不需要頻繁爭鬥。孩子好比熱戀中缺乏安全感的男女，一天恨不得問十遍「你愛我嗎？」這就是他在反復確認和試探。

2. 保證每個孩子都有屬於自己的高質量的「專屬時間」。

需要每天有一小段單獨和每個孩子相處的時間。哪怕只是 5 分鐘，一對一，無打擾，跟着孩子的節奏走（當然要保證安全且不違背原則）。最好每個撫養人都可以上陣，採用「車輪戰術」，讓每個孩子享受一次單獨陪伴。一對一的陪伴能讓每個孩子都能感受到父母對他全身心的關注、愛護和欣賞。堅持一小段時間，你會發現孩子們突然都變乖了。

3. 明確表達愛。

愛要大聲說出來，尤其是在和孩子一對一相處的時候，千萬不要吝嗇你的溢美之詞！「寶寶，你是我們家最勇敢的！」、「寶寶，你真有辦法！」等等。多點真誠，少點虛偽，具體實在地誇誇每一個孩子。不缺乏愛的孩子，才不需要刻意爭搶愛。

4. 公平的前提是承認孩子的個體差異。

每個孩子都是與眾不同的。據統計顯示，家庭中的老大一般更加獨立自主、果斷勇敢，老二更加活潑開朗、善於交際。這和他們的出生順序及父母的養育方式有一定的關係。

即使是雙胞胎也會有不盡相同的成長曲線和性格差異。如果父母總是一刀切，一味地用同一個標準要求孩子們，比較容易傷害孩子的自尊。敏銳地發現每個孩子的特點，因材施教，才能讓每個孩子都快樂成長。

5. 不做裁判和救火員，做孩子們的引導者。

很多家長都喜歡要求老大讓着老二，或者讓老二聽從老大的，表面看強迫孩子分享和禮讓是幫助孩子們解決爭端，其實是對孩子的一種壓迫。老大不管年齡多大，都是爸媽的孩子，老二不管年紀多小，都是獨立的個體。**犧牲任何一個孩子的自我去換得另一個孩子的心理平衡都是埋下了下一次手足衝突的炸彈。**

如果父母因為某個孩子哭鬧就以「你看他都哭了，不就是一個玩具嗎，給他吧」這樣的理由裁決爭端，孩子就會慢慢學會用哭鬧耍賴等方式更多地獲取父母的介入。

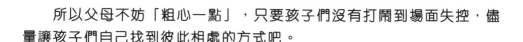

　　所以父母不妨「粗心一點」，只要孩子們沒有打鬧到場面失控，盡量讓孩子們自己找到彼此相處的方式吧。

　　6. 幫助孩子建立基本的社交規則，鼓勵手足合作。

　　可以通過交換、輪流、排隊或者明確物權的方法來幫助孩子們建立基本社交規則。

　　7. 學會分享，首先要明確物權。

　　哪些是老大的東西，哪些是老二的東西，哪些是家中公共的設備都需要理清邊界。比如我家，每次姐姐看到弟弟搶了她的玩具，打算強搶回來的時候，我會學着小寶寶的聲音說：「姐姐，你的玩具好好玩啊，我可以借來玩一小會兒嗎？」女兒瞬間就收回了伸出的手並說：「好啊，你玩吧，一會兒還給我。」

　　其實，小孩子和大人一樣，從來不會去爭奪原本就屬你的東西。爭奪，有時是源於害怕失去的恐懼。只要肯定了彼此的物權，再滲透規則，減少干預讓孩子們自己磨合。這樣幾個回合之後，孩子們就能愉快地玩耍了。

　　8. 培養手足感情，建立偉大而深刻的革命友誼。

　　從懷孕二胎到孩子們能夠一起玩耍，不要放過一切可以團結他們的機會。盡情地在彼此面前美言，比如相互幫助選禮物（其實都是媽媽買的），比如分享食物（其實都是吃剩的），都誇獎「真是個好哥哥（或好姐姐）」。

我女兒最喜歡的誇獎就是「好羨慕弟弟們有這麼好的姐姐，我怎麼就沒有呢？你當我姐姐好不好？」這個時候她就會傲嬌地笑盈盈地跑開：「不要。」有時候遇到鄰居開玩笑說：「寶寶，你有兩個弟弟太多了，送我一個吧？」姐姐簡直如臨大敵，緊緊地抱着弟弟們的嬰兒車，拒絕任何人靠近。

我們容易自動選擇以暴制暴，或者用冷漠和疏離對待他們。然而還有一種方法「用愛關注孩子，接納他的情緒，管理他的行為」。更多地去瞭解孩子問題行為背後的「作案動機」，才能看到孩子的「言外之意」。

用更多的愛來關注，用更積極的情緒去引導，用更有效的溝通去示範，高情商的父母能夠培養出高情商的孩子。就像繪本《大衛不可以》中講述的那樣，不管大衛多少次「踏入雷區」，媽媽總在最後告訴他：寶貝，我愛你。

雖然媽媽不認同你的行為，但是媽媽永遠愛你。

重要的不是你有多愛孩子，或者為每個孩子付出了多少，而是你要讓孩子覺得你真的超級愛他。放棄公平，逐個關注，引入規則，給每個孩子最需要的關愛才是手足相親的秘訣。

Part 5
做孩子的成長教練

5.1
允許孩子哭，
比允許孩子笑更重要

　　每個爸爸媽媽都曾遇到過這樣的一幕：孩子把正吃着的零食掉到地上了，瞬間開始扯着嗓子哭喊。不管父母怎麼安慰、擁抱，甚至和孩子說「我們再買一個」都無濟於事……看着哭到停不下來的「小淚人」，爸爸媽媽的內心充滿了無奈。類似的場景比如玩具壞了、找不到喜歡的書了、爸爸媽媽忘記已給孩子做承諾的某件事情了……不同的小插曲，孩子同樣的崩潰哭泣。

　　我也共情了，我也擁抱了，我也接納了，怎麼孩子還是不停地哭呢？育兒書裏的金科玉律到自己孩子這兒怎麼就不管用了呢？上一秒還像個小大人，下一秒就變成了小瘋子。

　　孩子所有的行為都是合理的，責備一個小孩子的哭鬧，簡直和責備「人為甚麼生下來不會走路」一樣殘酷。

·孩子的行為，大多數都是合理的

　　其實沒有那麼多的行為偏差。孩子的言行都是在真實地表達自己的需求。

　　當語言能力不足以表達清楚自己的時候，哭泣、抗拒、叛逆就會成為一種延伸的表達。

　　如果採用這種觀點，孩子的任何行為都是合理的。即使你的孩子在尖叫、在打滾、在暴力，甚至他對你說「我不愛你」、「我恨你」，你也要先思考他想表達的是哪種需求？你需要在哪些方面引導他？

　　在小孩子語言能力還不夠成熟時，會經常使用哭鬧和抗拒來交流。因為非語言形式的表達，是他們有限語言能力的補充。好比我們大人氣急了會跺腳、咬牙一樣，每一個器官都在服務於我們的「表達」。

　　即使是青春期的孩子，在生理和心理雙重壓力下，也會展現出叛逆等非語言溝通形式。比如，和父母唱反調、網癮、早戀、打架，甚至離家出走。很多時候，我們主觀認為這些是行為偏差，而忘記這些是一種表達，是孩子在向父母呼喚理解和引導。

·和孩子建立連接，比阻止孩子要管用

　　我們需要「聽到」孩子的需求，和孩子建立連接，而不是阻止孩子的表達，更不是逼迫孩子順從乖巧。

從傳統教育的視角上，父母是絕對正確的，家長也習慣於把自我凌駕在孩子之上。因為我們是「權威」，我們會習慣性地把孩子的行為偏差，認為是需要立刻修正的問題。然而這樣做的後果，只會把孩子推到與你對立的邊緣。

　　只有接納，才能真正瞭解孩子的語言。孩子哭鬧的萬能對策往往來自於一個大大的擁抱，即使甚麼都不說，只是陪伴他，孩子也能感受到父母穩定的愛，無條件的支持。**但前提是，你不要一邊擁抱着孩子，一邊言語裏還否定着孩子，這樣的「偽接納」是沒有效果的。**

　　當孩子的需求得不到滿足、表達沒有被回應、能力不夠實現自己的想法時，如果急於阻止孩子的行為，只會讓孩子愈來愈難過，甚至抗拒，即使暫時順從，也會在別的時候發作。

―――――――――――

「寶貝，你難過嗎？」

「寶貝，媽媽陪着你。」

「寶貝，你需要媽媽幫你做些甚麼？」

―――――――――――

　　這樣的表達，才能讓孩子不糾結在拒絕和限制之中，真實地向父母袒露自己的情感和想法。只有無條件地接納和理解，才能給孩子足夠的支持。

・孩子哭泣之後，如何和孩子溝通

01. 解讀「嬰語」，傾聽孩子的表達

媽媽是最瞭解孩子的人，試着去瞭解孩子的想法，站在孩子的角度去體察孩子的需求。無論我們的情緒如何煩躁，無論孩子的行為多麼誇張，無論我們心裏有多少責備和抱怨，第一選擇，都應該是用平和的態度去面對孩子。

及時捕捉孩子發出的信號，比如生理上是否不適，渴了？餓了？睏了？病了？是否因為遭到媽媽拒絕而非常沮喪？是否因沒有拿到自己喜歡的零食而着急？當我們看到孩子真實需求的那一瞬間，問題其實就解決了一大半。

02. 給孩子足夠的安全感

父母需要幫助孩子建立安全的依戀關係，允許孩子的依賴和自我，耐心陪伴引導。同時利用規律的作息、穩定的環境和明確的規則來幫助孩子。當孩子自己適應好了，或者探索累了，自然不會那麼反抗。

03. 擁抱孩子的情緒，充分共情

面對孩子不定時爆發的情緒宣洩，父母不應該只關注孩子的行為，比如哭鬧、打人、咬人、打滾、撞頭等，更應該關注的是孩子行為背後的原因和情緒感受。

究竟孩子為甚麼會如此難過或者憤怒？

是甚麼引發了孩子這樣的感受？

是事情不順利引發的挫折感？

還是父母沒有及時回應引起的焦慮感？

是需求被拒絕的對抗？

還是能力與預期不一致產生的煩躁？

安靜地陪伴孩子、輕撫後背、擁抱孩子、親吻孩子，都是表達父母接納他的感受的很好的方式。

如果只是一味地阻止孩子和責罵孩子，孩子感受到的是被拒絕，他會覺得自己這樣感受是錯誤的。當他被看到、被聽到、被允許的那一刻，孩子的情緒才會慢慢回落，破壞性的對抗性的行為也會慢慢停止。

有些媽媽說，當她們開始擁抱孩子，一開始孩子是掙扎的、拒絕的，慢慢地即使媽媽甚麼都不說，孩子也漸漸停止了哭泣。

04. 放下自己的控制欲

孩子的情緒也會引發父母的強烈對抗和情緒勒索。因為我們感受到被脅迫被控制，「孩子與我作對」或「孩子居然反抗我」，這樣的心態其實就是媽媽們感受到了被控制，讓我們急於去壓迫控制局面，以顯示自己的權威。

比如，孩子過一會兒情緒好了，他需要安撫和擁抱，而我們不肯安撫，還美其名曰堅持原則，其實是在變相懲罰孩子。

05. 與孩子互動要有方法

儘量描述細節

比如孩子和其他小朋友玩耍時，孩子被推了一下，很傷心。這個時候媽媽可以說：「寶貝，我看到某某推了你一下，你很不舒服，對嗎？」

客觀地描述問題，會幫助孩子去面對和理解事情的發生。之後再去安撫孩子，他感受到的是媽媽認同我現在的情緒狀態。

指令清晰易懂

比起嘮叨，簡單明確地和孩子說「吃飯啦」或「數 10 下我們就出門啦」，在這一點上和激勵老公做家務一個道理，語言明確，指令清晰，這樣孩子才能更明白我們的意思。

告訴孩子我們的期待

把你的感受告訴孩子，是很有效的方式，比如，你可以這樣告訴孩子：「寶貝，媽媽看到你的玩具撒了一地。我喜歡乾乾靜靜的地板，你能幫媽媽一起把它們送回家嗎？」

提示視覺化

大腦最喜歡圖片，可以在門上貼「隨手關門」或者在繪本架旁畫上圖示「請放回原處」，即使孩子看不懂，也會要求家長把圖示上的內容講給他們聽。這樣也可以很好地向孩子表達我們的期待和要求。

比如前面提到的製作「情緒溫度計」的圖表，告訴孩子「媽媽生氣到這裏了哦」，孩子也會容易理解媽媽的情緒狀態。

～～～～～～～～～～～～～～～～～～～～～～～～

有的家長會說，遇到孩子做的事情真的很出格，難道也接納和理解嗎？有沒有更好的辦法？

我們可以限制孩子的不合理、不安全、不符合社會要求的行為，**所有的感受都是被接納的，但某些行為必須受到限制。**

接納情緒，規範行為。比如當看到兄弟相爭，弟弟搶了哥哥的玩具，哥哥打了弟弟，我們可以對哥哥說：「我看得出來你很生弟弟的氣，但是要說出來，告訴他，而不是用拳頭解決。」

無論何時，在教育孩子之前，我們都應該先處理心情，再處理事情。

其實，沒有不乖的孩子，也沒有那麼多的行為偏差，只有沒被傾聽的需求，只有沒被回應的呼喚。當你放下對孩子的權威和修正，當你不再認為孩子的行為是問題，當你不再站在完美主義的制高點去要求和說教時，你會發現，你收穫的是一份更親密的親子關係和一個更可愛的孩子。

　　更何況，教育的歸宿並不是為了培養順從和乖巧，孩子下一次哭的時候，請抱他更緊一點吧！

5.2
對孩子發脾氣後
的補救方法

·一次打罵，就永遠不是好父母了嗎

很多父母都會經歷這樣的死循環：孩子不聽話→打罵孩子→後悔→發誓下次再也不打罵孩子了→孩子又不聽話→又打罵→又後悔……

總是有家長問我：「我又打了孩子一頓，覺得自己確實有點過分了，每次忍不住打罵，過後總是後悔。有時候，真怕給孩子留下心理陰影，怕他恨我。」看着孩子委屈的樣子，眼角噙着淚花，抽泣的背影就像一根根針，狠狠紮着父母的心。甚至有時候孩子還會哭着說：「媽媽我恨你！」然後遠遠地跑開。

難道一次打罵就註定會給孩子留下無法彌補的心理創傷嗎？

其實不然，正面管教（Positive parenting）的創始人尼爾森博士早年也曾經有滿屋子追着孩子打的經歷，現實中，每個媽媽都曾經歷過情緒崩潰的瞬間。真媽媽都會有情緒，假媽媽才是真的雲淡風輕。其實只要有足夠的擁抱、真誠的道歉、妥善的自我情緒管理，做好這三步，我們永遠是孩子最愛的爸爸媽媽。

· 擁抱是愛的穩定劑

面對委屈受傷的孩子，最有用的一個方法就是抱一抱。親子溝通中，幾乎沒有甚麼問題是擁抱解決不了的。

對於孩子來說，一個擁抱滿足的不只是「皮膚饑餓」，讓孩子覺得溫暖、安全，更滿足了「情感饑餓」。擁抱就是父母用肢體語言在告訴孩子「我在，我陪你，我愛你」。

如我們前面說到的，手足相爭是常態。但手足衝突在我們家裏並不突出的原因就在於——我從不吝嗇和每一個孩子表達愛，更不吝嗇給他們最渴望的擁抱。**因為接收到足夠的愛，所以不需要爭奪。**背後的法門不過就是——**愛，擁抱，接納，認同。**

前段時間，女兒生病了，全家人依次輪流餵藥未果。在女兒又一次打翻了藥杯後，我終於控制不住衝着女兒大吼起來：「煩死了！你愛喝不喝，我不管你了，我去睡覺了，你在客廳自己睡吧！」女兒「哇」的一聲就哭了起來：「媽媽別睡，我喝。」在爸爸的協助下，總算把藥喝完了。晚上女兒躺在床上，顯然有些情緒低落。

看着小小的人兒，想想自己發火的一幕，心理不免有些愧疚，轉過來抱了抱女兒：「寶貝，媽媽永遠愛你。剛剛變成大獅子的樣子，是不是嚇到你了？」女兒瞬間哭了起來，把我抱得緊緊的：「媽媽，抱緊緊！」

無需更多的言語，只要一個擁抱，我情緒崩潰給女兒帶來的副作用便消散許多，女兒平靜地睡去。

生活中，為人父母的我們難免會有控制不住自己情緒的時候，這時給孩子一個擁抱十分必要。擁抱可以幫助我們用最快最直接的速度，重新與孩子獲得連接，修復親子關係。**或許我們永遠無法成為不發脾氣的家長，但是我們可以做一個不吝嗇擁抱的家長。**

· 「對不起」是最重要的道歉課

一位媽媽向我諮詢。她說，朋友帶孩子來家裏做客，剛好女兒去上鋼琴課沒在家。朋友家的孩子看上了女兒的玩具狗很喜歡，一直拿在手裏不肯放下。礙於情面，這位媽媽就把這隻玩具狗送給了朋友家的孩子。晚上女兒回到家，發現玩具狗不見了，大哭不止。媽媽怎麼解釋也不管用，女兒用力推開媽媽大叫道：「你走開，我討厭你。」媽媽又氣又惱，狠狠地打了女兒屁股幾下，為了這件事，女兒連着好幾天沒有和媽媽說話。

我給這位媽媽的回答是這件事是你不對，你要正式向孩子道歉，孩子才會原諒你。這位媽媽驚訝地說道：「可是她都推我了呀！她怎麼可以推媽媽？要道歉也是孩子向我道歉呀。」

父母對孩子發火，不管動機如何，對孩子來說都是一件很受傷的事情。一些父母可能會內疚，但也有一些父母礙於面子，將錯就錯。最好的方法是**先要梳理自己的情緒，查找情緒發生的原因，然後勇於向孩子承認錯誤，承認大人也有做錯的時候，和孩子共同想辦法解決問題。**通常情況下，孩子看到父母反省後，孩子也會認識到自己的錯誤，並且還能學習到出現問題的正確解決方式。

「對不起，媽媽可能無心中傷害了你。」

「抱歉，媽媽沒有處理好這件事情。」

「我的本意不是這樣的，我想表達的其實是⋯⋯」

　　向孩子道歉不僅能夠消除誤解，澄清我們對孩子的愛和關懷，更能建立彼此溝通的橋樑，通過溝通交流瞭解孩子真正需要甚麼。承認自己的言行錯誤並不是向孩子示弱或者妥協，而是真正站在孩子的立場上感受、理解他們的情緒，也能更好地與孩子一起成長。當孩子能理解到家長的本意是關懷自己，只是表達方式不夠恰當，他們的負面情緒才能夠得到比較妥善的處置，親子關係也能因此得到顯著的改善。就像美劇《This is us》裏面那位爸爸對孩子們說的「對不起，我也是第一次做爸爸。」反而獲得了孩子們的理解和支持，親子之間的誤會也煙消雲散。

　　另外，對孩子說「對不起」，從某種意義上來說更像是一種儀式感。這種儀式感，會讓孩子覺得自己很被尊重。這句話可以讓孩子放下心中的恐慌與不安，減少我們的錯誤對孩子心理的傷害。也許，我們永遠無法成為不發脾氣的家長，但是我們可以做一個勇敢道歉的家長。

·先處理心情，再處理事情

　　在我們心情好的時候，孩子即使很淘氣也可能被認為是可愛的，而同樣的場境，如果放在我們心情煩躁時，則有可能成為我們發火的導火線。瞭解了以上我們在發火後對孩子的「治癒」方法，並不是說我們可以隨時隨地、無所顧忌地對孩子發火。學會控制好自己的情緒，才是首要問題。

給大家推薦三步簡單的情緒控制方法。

第一步：暫時離開。

當我們想對孩子大吼出來時，可能要先離開現場一會兒，讓自己稍稍安靜一些。

第二步：做深呼吸。

離開後，閉上眼睛，做一下深呼吸，通過呼吸讓自己平靜下來。

第三步：問自己 3 個問題。

1. 甚麼原因讓我生氣？

2. 我生氣是否能解決問題？

3. 如果不能解決問題，我應該選擇甚麼方法來解決？

父母做好自我的情緒管理，會在潛移默化中影響孩子，他們會從我們身上學會怎樣管理自己的負面情緒。

孩子會不會留下心理陰影，並不取決於被打罵的強度。比如我們遭遇意外傷害事故，跌倒了、骨折了，或者流血了，都會很疼，但是多數並不會留下心理陰影。為甚麼呢？**人的創傷和心理陰影更多地取決於事發時的情緒。**

摔倒了疼痛過後你知道會好的，而且疼痛本身並沒有很多極端的情緒。但是被父母長期忽略、恐嚇、斥責、暴力對待則會對孩子有明顯的負面影響。在孩子小時候，父母的情緒對孩子的影響非常大，創傷後遺症（PTSD），說的就是一種因為極端過度的情緒感受帶來的無助感、無力感所引發的情緒障礙。

作為父母，只有管理好自己的情緒，才是對孩子真正的保護。不要總是等發了脾氣後再去補救。

學會先處理情緒再去處理親子關係，是日常家庭親子溝通中的必修課。在處理好自己的情緒的基礎上，再通過有效的親子陪伴、好玩的親子互動，給孩子一個更有愛的童年。

或許我們偶爾崩潰、時時困惑、總是焦慮，但我們沒放棄自我成長。在和孩子一起長大的過程中，我們更好地處理好自己的情緒，更好地解決問題，更好地與孩子連接，是伴隨孩子成長過程中的重要任務。

5.3
為自己
「充電」

面對孩子這種「充電 2 分鐘，興奮 10 小時」的生物，家長總會覺得疲憊。

孩子只負責玩，可父母要負責全部的事情，恨不能一手抱孩子一手工作或者做家務。在有限的精力面前，陪伴總顯得力不從心。

正如前面所分享的內容，玩耍不僅讓孩子的童年更有趣，讓孩子更有力量和能力，簡直是孩子成長的最佳伴侶。可是問題來了，萬一父母根本玩不動呢？我們也想給孩子更好的陪伴、更豐富的玩耍體驗、更親密的親子連接，可是，總會遭遇「沒電」的時刻。

加班太累，回家只想癱在梳化上安安靜靜地休息一會兒。勉勉強強給孩子講 1~2 個故事、玩一會兒積木就已經嚴重「缺電」，這個時候面對纏着我們的孩子，之前談的「先處理心情，再處理事情」立馬飛到了九霄雲外。身體都要自動關機了，哪裏來的好心情？疲憊、煩躁、壓力立刻讓我們成為了假媽媽、假爸爸。瞬間的情緒爆發又會變成下一輪「踢貓效應」，傳染給全家人。

不如，給自己一點點時間，充個電吧。

　　不僅孩子需要高質量的陪伴，我們自己也需要高質量的獨處。孩子需要成長，我們也需要滋養。跳出瑣事和紛擾，躲在無人打擾的房間聽幾曲音樂，追一集有趣的新劇，或者敷一片面膜放鬆一下。我們定期需要一個空間或片段，來安放自己。我們不僅僅是孩子的父母、父母的兒女、老闆的下屬，更是自己。卸掉所有的社會角色，我們是一個活生生的人，我們的情緒和自我也需要被關照。

　　有人開玩笑說，孩子睡覺後的熬夜，熬的不是夜，是自由；蹲在廁所半小時，解的不是方便，是放空。這樣的短時間脫離，從某種角度來看，就是與自己相處。不過，我還是希望這樣的時刻更加有儀式感，比如夫妻兩人商量一下輪流帶孩子半小時，一方可以安靜地享受一段私密時間。這樣的片刻之後，我們再帶着愉快的心情和孩子進行高質量的互動。高質量的陪伴，不僅是孩子需要一對一的「專屬時間」，家長也需要和自己、和彼此的「私密時間」。

　　育兒之前，更要悅己。科學證明，比父母陪伴時間更重要的是父母的情緒狀態，更容易傷害孩子的並不是爸爸媽媽過少的陪伴，而是家長的焦慮、狂躁、崩潰和不斷累積的負面情緒。哈佛大學的研究發現，比父母做了甚麼更重要的是，父母是怎樣的人。即使我們給孩子讀了全世界的繪本、買了最貴的玩具，也比不過我們溫暖的懷抱和時刻掛在臉上的笑容。因為情緒都是流動的，努力讓自己更開心，比迎合孩子更重要。

5.4
當你無計可施
的時候

養育這種 365 天全年無休的工作難免會讓人有狀態不佳的時刻，或許因為白天工作的不順遂，或許因為和家人出現溝通矛盾，再或者生病了身體和心情都不在狀態。

· 玩耍，是可以偷懶的

作為 3 個孩子的媽媽，我有時候真的會非常疲憊。隨着孩子長大，我愈來愈發現高質量的陪伴不是勉強而來的。儘管我們都努力給自己充滿電，也用盡了各種玩法的排列組合，總會有力不從心的時刻。除了「混亂時間」可以讓我們省一會兒心，我每天還會特別穿插這樣的「偷懶遊戲」，躺着帶小孩簡直是最舒服的育兒體驗。

遊戲 Tips

1. **裝病人**：家長來演病人，孩子拿着卡片當掛號單，用耳機線當作輸液器，拿着醫藥包裏的塑料體溫計給家長量體溫，全程模擬醫生看病的流程。它包含了假裝遊戲、角色扮演、健康管理、生活常識、同理心等多種內容。事實上，只要家長說：「我病了，好難受，小醫生來給我看看病吧！」孩子們就會自發地把梳化上的「病人」照顧得很好。多子女家庭，還可以家長和孩子們輪流當病人、當護士、當醫生。

2. **埋媽媽**：家長讓孩子拿剛洗好的衣服、海洋球、毛絨玩具或者靠枕等把自己埋起來。差不多的時候再去掉，讓孩子或者別的遊戲參與者繼續重複這個遊戲。

3. **關爸爸**：這是一個以任何舒服的姿勢都可以玩的遊戲，家長讓孩子拿積木或者玩具把自己圈起來，換一個姿勢稍微打破邊界，孩子再繼續把家長「關起來」。我特別享受孩子們的笑聲響徹屋子的聲音。

4. **脫襪子**：向孩子求助，幫家長穿脫襪子，不停重複。

5. **爬大山**：家長把腳搭在梳化上並躺在地墊上，或者趴在地上，製造一個舒服的坡度，讓孩子上下攀爬。進階版是引導孩子把高低處都設計編造成大海、高山、盆地等。還可以讓孩子瞭解一些地理知識。

6. 按摩師：家長或躺或趴，讓孩子用小手、小腳、小屁股，甚至小道具給爸爸媽媽按摩。別忘了感謝小小按摩師，或者刁難一下「再使勁」、「輕一點」。這樣玩，除了角色扮演帶來的益處，還能幫助孩子理解身體接觸的力度，引導孩子的攻擊性行為。

7. 木頭人：坐着躺着趴着都可以玩這個遊戲。和孩子比賽誰可以保持不動，誰保持的時間最長就獲勝了。喊「123，木頭人」或者「123，凍住了」。這個遊戲會讓孩子一直哈哈大笑，忍不住亂動，但是爸爸媽媽可以讓身體保持一陣子的放鬆狀態。

8. 點歌台：和孩子躺着或者趴着，玩「點歌遊戲」或者歌曲接龍，兒歌、歌曲、急口令、流行樂曲都可以唱給孩子。孩子說「切歌」就可以讓家長換一首歌曲。就像我在玩音樂中提到的那些方法一樣，借此機會，爸爸媽媽還可以引導孩子自己唱歌、編歌，發現孩子喜歡的音樂類型。

9. 故事龍：每人講一個小故事，或者像「點歌台」一樣。

10. 臥談會：就像睡前故事一樣，躺着和孩子隨便聊聊今天發生的事情，自己的和家庭的都可以涉及。如果孩子還不能太準確地表述，還可以用喜歡或者討厭的顏色和動物來形容一天的感受。有一次女兒和我在臥談中就聊到「今天和弟弟搶玩具，被弟弟推了一把，不開心，心情灰灰的，感覺心裏住了一隻大野狼」。這樣的臥談時間，相對遊戲強度低，而且親子之間的溝通也會很快增進，畢竟讓小朋友敞開心扉並沒有成人這麼容易。

11. **找一找**：躺着讓孩子找一找媽媽的眼睛、鼻子、臉上的痣，左手第三根手指等，也可以用英語來問，幫助孩子強化記憶。這個遊戲的進階版還可以延伸到找書裏面第幾頁的小動物、書架上的第幾本書等，鍛煉孩子的數學思維。

12. **美容師**：假裝孩子是美容師，給媽媽拿衣服、敷面膜、塗指甲、做頭髮，當然這個遊戲需要忍受一下孩子會把我們的頭髮和臉弄得亂七八糟。

這 12 個「躺着玩」的遊戲推薦給大家，開動腦筋，開發出每個家庭獨特的玩耍素材。我身邊有個家長是紙箱達人，每次都裝作紙箱怪獸，把箱子套在自己身上，靠着梳化，孩子拿着蠟筆在紙箱子上盡情作畫，也是一種特別個性化的「偷懶時間」。

・坦誠，是最有效的親子連接

除了有趣的偷懶，特別不舒服的時候，直接告訴孩子我們狀態不佳，需要「充電」休息一會兒，或者「請假一天」。孩子或許並不足夠善解人意，但是他們對於坦誠的溝通總是有高度的積極回應的能力。

不是只有大人需要照顧孩子，孩子也可以照顧大人。真誠地告訴孩子「媽媽今天有點累了，休息一會兒再來陪你玩。」好過強迫自己心不在焉地陪伴。向孩子求助「媽媽想玩一點輕鬆的遊戲，或者躺着一動不動，你在我旁邊玩積木吧。」相信孩子也會找到臨時的玩耍內容。親密的陪伴和獨立玩耍都是孩子需要的成長養分。

別忘了，你不是一個人。讓別的家人與你一起輪流陪玩，讓每個家人都有機會充當自己的角色。你需要的，只是開口，而不是抱怨。「來幫我一下，好嗎？」永遠比「你怎麼都不幫幫我」更讓人甘之如飴。

·當好腳手架，輕鬆讓孩子「玩得更好」

沒有父母的干預，孩子也可以在自己的舒適區玩得很愉悅，父母適時當一下腳手架，給孩子設定一個稍微難一點的升級版任務，在孩子的「就近發展區」助推一把，也會收穫小驚喜。比如一直喜歡堆積木的孩子，引導他堆一個更高的，或者換一個造型，或者按照一定的順序重新排列組合……

如果孩子有畏難情緒，父母可以拆解一下任務，引導孩子「再試試看」、「我們一起嘗試」或者「是否有別的方法」，而不是硬逼迫着孩子去挑戰自己完全不可能完成的任務。一方面讓孩子在熟悉的遊戲中獲得更豐富的進階體驗，另一方面也幫助孩子的思維能力和問題解決能力得到了提高。

我意外發現女兒特別喜歡玩拼圖，從 6 塊、9 塊、20 塊逐級上升，每次遇到新的任務無法完成的時候，她都會有些沮喪。我就會和她一起努力，「這樣可以嗎？」、「我們來試試這樣行不行」，適度地引導、鼓勵、助推，只需要輕輕的幫助，孩子就會開啟升級的大門。

孩子整個成長的過程，就是玩耍升級的過程。從簡單到複雜、從具體到抽象、從真實到想像，孩子的思維和能力都在旋轉式飛速發展。孩子慢慢會把自己喜愛的遊戲融合和重組，用自己的方式理解這個世界。

　　玩具只是玩具，比我們提供給他怎樣的玩具、玩法更重要的，是孩子在玩耍中收穫的快樂和成長。而到孩子再長大一些，我們要做的就是逐漸退出，把成長的功課還給孩子。

　　就像龍應台老師在《目送》一書中說到的那句話：「我慢慢地、慢慢地瞭解到，所謂父女母子一場，只不過意味着，你和他的緣分，就是今生今世不斷地在目送他的背影漸行漸遠。你站在小路的這一端，看着他逐漸消失在小路轉彎的地方，而且，他用背影默默告訴你：不必追。」

　　在父母「過期」之前，好好陪孩子玩吧，這將是你們最好的溝通語言。

參考文獻

曾光，趙昱鯤：《幸福的科學 [M]》（北京：人民郵電出版社，2018）。

陳冬梅：《假想遊戲與兒童早期發展 [M]》（成都：電子科技大學出版社，2011）。

張純穎：《這樣愛你剛剛好我的 N 歲孩子 [M]》（長沙：湖南教育出版社，2013）。

洪蘭，蔡穎卿：《教養在生活的細節裏 [M]》（北京：北京時代華文書局，2017）。

胡萍：《善解童貞 [M]》（南京：江蘇科學技術出版社，2016）。

魏坤琳：《給孩子的未來腦計劃 [M]》（北京：中信出版社，2018）。

[美] 邁克爾 · 麥耶霍，蔣海燕：《玩耍的力量 [M]》（北京：電子工業出版社，2017）。

[奧] 阿德勒：《兒童教育心理學 [M]》（海口：南海出版公司，2015）。

[美] David R. Shaffer，Katherine kipp：《發展心理學 [M]》（北京：中國輕工業出版社，2016。）

[美] 丹尼爾 · 戈爾曼：《情商 [M]》（北京：中信出版社，2018。）

[美] 高普尼克：《寶寶也是哲學家 [M]》（杭州：浙江人民出版社，2014。）

[法] 盧梭：《愛彌兒論教育 [M]》（北京：人民教育出版社，2017。）

[美] 科恩：《遊戲力 [M]》（北京：中國人口出版社，2015。）

[英] 彼特 · 洪頓，珍妮 · 沃倫：《帶孩子去森林 [M]》（北京：九州出版社，2016。）

[韓] 金善賢：《讀懂孩子的心理畫 [M]》（北京：機械工業出版社，2016。）

[美] 蓋爾 · 賴克林，卡羅琳 · 文科勒：《賴克林兒童情緒手冊 [M]》（杭州：浙江人民出版社，2012。）

[美] 哈韋 · 卡普：《卡普兒童行為手冊 [M]》（杭州：浙江人民出版社，2013。）

[意] 蒙台梭利：《童年的秘密 [M]》（杭州：浙江工商大學出版社，2018。）

[美] 馬歇爾 · 盧森堡：《非暴力溝通 [M]》（北京：華夏出版社，2015。）

[美] 米哈裏 · 契克森米哈賴：《心流 [M]》（北京：中信出版社，2017。）

致謝

感謝清華大學社會科學學院院長彭凱平教授和清華大學積極心理學研究中心，在我寫這本書的過程中，多次給予科學的建議和積極的鼓勵，讓我將「幸福的科學」積極心理學的知識融入孩子的成長之中。

感謝北京大學的教授和同學們，給予我學業上的支持和幫助，讓我在攻讀研究生的階段還可以有餘力完成這本書的寫作。

感謝北京大學心理協會和千萬個媽媽的支持，讓我在團體輔導、個體諮詢、分享傳播的過程中，積累了很多對於成長、自我、生命、育兒的案例和思考，並沉澱下來。

感謝每一位朋友、同事以及每一位與我連接過的有緣人，是你們激勵我努力且更清晰地表達自己的理念和方法，為我提供了莫大的精神支持。

最感謝的是我的家人，一位睿智真誠的愛人，兩對偉大無私的父母，三個可愛的孩子。是你們一直支持我成長，讓我體會到了一個「母親」的更多可能性，為我提供了最堅實的依靠，讓我有圓滿的、幸福的、獨一無二的人生。

感謝每一個參與我生命的人，你們都是我最積極的資源，是參與塑造我生命的合夥人。這本書，也是給你們的禮物。

編著
晴天媽媽（郭俞杉）

責任編輯
周宛媚

美術設計
Carol

排版
辛紅梅

出版者
萬里機構出版有限公司
香港鰂魚涌英皇道1065號東達中心1305室
電話：2564 7511
傳真：2565 5539
電郵：info@wanlibk.com
網址：http://www.wanlibk.com
　　　http://www.facebook.com/wanlibk

發行者
香港聯合書刊物流有限公司
香港新界大埔汀麗路36號
中華商務印刷大廈3字樓
電話：2150 2100
傳真：2407 3062
電郵：info@suplogistics.com.hk

承印者
中華商務彩色印刷有限公司
香港新界大埔汀麗路36號

出版日期
二零一九年七月第一次印刷

讓父母
不焦慮的
輕鬆育兒法